全国“八五”普法学习读本系列

法律明白人
应知应会农村土地房屋法律实用手册

全国“八五”普法学习读本编写组　编

法律出版社
LAW PRESS · CHINA
北京

图书在版编目(CIP)数据

法律明白人应知应会农村土地房屋法律实用手册 / 全国“八五”普法学习读本编写组编. -- 北京 : 法律出版社, 2022(2024.12 重印)
ISBN 978 - 7 - 5197 - 6619 - 1

Ⅰ. ①法… Ⅱ. ①全… Ⅲ. ①农村 - 土地法 - 基本知识 - 中国②农村住宅 - 法律 - 基本知识 - 中国 Ⅳ. ①D922.32②D922.181

中国版本图书馆 CIP 数据核字(2022)第 062971 号

法律明白人应知应会农村土地房屋法律实用手册
FALÜ MINGBAIREN YINGZHI YINGHUI NONGCUN TUDI FANGWU FALÜ SHIYONG SHOUCE

全国“八五”普法学习读本编写组 编

策划编辑 沈小英
责任编辑 陈 妮 任 娜
装帧设计 汪奇峰

出版发行 法律出版社
编辑统筹 法治与经济出版分社
责任校对 王 丰 郭艳萍
责任印制 吕亚莉
经　　销 新华书店

开本 A5
印张 7.75　**字数** 159 千
版本 2022 年 6 月第 1 版
印次 2024 年 12 月第 4 次印刷
印刷 天津嘉恒印务有限公司

地址:北京市丰台区莲花池西里 7 号(100073)
网址:www.lawpress.com.cn
投稿邮箱:info@lawpress.com.cn
举报盗版邮箱:jbwq@lawpress.com.cn
销售电话:010 - 83938349
客服电话:010 - 83938350
咨询电话:010 - 63939796

书号:ISBN 978 - 7 - 5197 - 6619 - 1
定价:49.80 元
凡购买本社图书,如有印装错误,我社负责退换。电话:010 - 83938349

撰稿人

程雪阳　张　颖　许彤彤　伍　智

编写说明

2020年11月16日至17日召开的中央全面依法治国工作会议，明确了习近平法治思想在全面依法治国工作中的指导地位，这是我国社会主义法治建设中具有现实意义和深远意义的大事。习近平法治思想是马克思主义法治理论中国化的最新成果，是习近平新时代中国特色社会主义思想的重要组成部分，是全面依法治国的根本遵循和行动指南。

在习近平新时代中国特色社会主义思想指引下，为深入学习贯彻习近平法治思想，我们编写了《法律明白人应知应会农村土地房屋法律实用手册》，以落实《中央宣传部、司法部关于开展法治宣传教育的第八个五年规划(2021—2025年)》，切实抓好普法学习宣传，维护好农村村民的土地和房屋财产权益，增强其法治观念，提升其法治素养。"法律明白人"培养工作被纳入法治社会建设和乡村振兴总体规划，作为加快推进乡村人才振兴工作的重要内容，也是加强基层普法工作队伍建设、健全精准有效普法工作体系的重要举措。"法律明白人"应在宣传习近平法治思想、法律、法规、党的政策，引导法律服务，化解矛盾纠纷，提高法律意识，参与社会治理中发挥示范引领作用，以推动农村形成办事依法、遇事找法、解决问题用法、化解矛盾靠法的法治环境。

本书的编写特色与特点：

第一，内容方面。近年来，随着土地领域全面深化改革的持续推进，相关法律不断快速更新和完善。本书结合最新修订或制定的《中华人民共和国农村土地承包法》《中华人民共和国土地管理法》《中华人民共和国乡村振兴促进法》等法律、法规、规章、司法解释，对农村承包地、宅基地及地上房屋、集体经营性建设用地以及征地补偿等领域常见的 60 个热点问题进行分析和解读。本书有选择地结合相关司法经验和一些地方改革的先进做法，重点介绍农村土地和房屋领域法规的新变化，分析相关立法遵循的基本原理或主要立法考虑，明确法律适用的重点和关键点，进而帮助“法律明白人”正确理解和宣传相关法律，科学有效地处理相关纠纷。因此，本书是集法律法规与案例分析于一体的专业工具书。

第二，体例方面。每个问题除设立“案例”“法律分析”“知识链接”等常规栏目外，特设“纠纷解决技巧”栏目，结合农村土地、房屋管理和争议解决的实际情况，引导读者理性、科学地看待纠纷和解决纠纷。每个问题均配有试题，方便读者检验学习成果，增强阅读印象。每页配有笔记区，供读者学习时做笔记使用。每个问题均配有试题，方便读者检验学习成果，增强阅读印象。同时，本书附一套测试题，用于“法律明白人”自测、任前培训、上岗考核使用。

第三,文字方面。深入浅出地讲解法律问题,把法律术语转化为生活语言、群众语言,力求简洁、平易;文风精炼,详略得当,重点突出,让读者轻松读、看得懂。

普法宣传是一个长期、持续的过程,任重道远。2020 年 12 月,中共中央印发了《法治社会建设实施纲要(2020—2025 年)》,明确提出到 2025 年,“八五”普法规划实施完成,法治观念深入人心,社会领域制度规范更加健全,社会主义核心价值观要求融入法治建设和社会治理成效显著,公民、法人和其他组织合法权益得到切实保障。希望本书能为中国特色社会主义法治体系建设、乡村振兴战略实施、“法律明白人”培养、村民的权益维护发挥作用,作出应有的贡献。

全国“八五”普法学习读本编写组

2022 年 4 月

目 录

Contents

笔记区

1. 什么是永久基本农田，永久基本农田应如何使用？

案例

为了发展经济，某村村委与某公司2019年签署了50亩集体土地出租协议。某公司在涉案地块兴建水泥桩、钢架结构过程中，被县自然资源管理部门发现并立案调查。调查结果发现，50亩集体土地中有2.45亩系永久性基本农田。为此，县自然资源管理部门责令某公司自接到行政处罚决定书之日起30日内，自行拆除非法占用永久性基本农田上的建筑物和其他设施，恢复土地原状，并处罚款50,996元。同时，县自然资源管理部门依法将该案移交公安机关，建议公安机关追究相关责任人非法占用和破坏永久性基本农田的刑事法律责任。

法律分析

为了维护国家的粮食安全，我国自20世纪末就设立了保护"18亿亩耕地红线"的目标。1998年通过的《中华人民共和国土地管理法》为此也建立了"基本农田保护制度"。2019年《中华人民共和国土地管理法》修正之后，"基本农田保护制度"被进一步上升为"永久基本农田保护制度”。根据《中华人民共和国土地管理法》及相关法规的规定，各省、自治区、直辖市划定的永久基本农田一般应当占本行政区域内耕地的80%以上，其中，下列土地类型应当划入永久基本农田：(1)经国务院农业农村主管部门或者县级以上地方人民政府批准确定的粮、棉、油、糖等重要农产品生产基地内的耕地；(2)有良好的水利与水土保持设施的耕地，正在实施改造计划以及可以改造的中、低产田和已建成的高标准农田；(3)蔬菜生产基地；(4)农业科研、教学试验田；(5)国务院规定应当划为永久基本农田的其他耕地。在具体的工作中，永久基本农田以乡(镇)为单位进行划定，并应当落实到地块，纳入国家永久基本农田数据库严格管理。

就用途而言，由于永久基本农田的功能主要是确保国家的粮食安全，因此可以用于种植小麦、水稻等粮食作物以及棉、油、糖、蔬菜等农产品的生产活动，但是不能发展林果业和挖塘养鱼，也不能进行挖砂、采石、采矿、取土等，更不能进行工商业建设。永久基本农田也可以依法转化为建设用地，但是这种转化需要经过特定的程序并经特定机关批准后方可实施。

另外，为了更好地增加地方政府和农民保护耕地的积极性，2021年9月开始实施的《土地管理法实施条例》规定，国家建立耕地保护补偿制度，具体办法和耕地保护补偿实施步骤由国务院自然资源主管部门会同有关部门规定。

笔记区

知识链接

《中华人民共和国土地管理法》

第三十五条 永久基本农田经依法划定后，任何单位和个人不得擅自占用或者改变其用途。国家能源、交通、水利、军事设施等重点建设项目选址确实难以避让永久基本农田，涉及农用地转用或者土地征收的，必须经国务院批准。

禁止通过擅自调整县级土地利用总体规划、乡(镇)土地利用总体规划等方式规避永久基本农田农用地转用或者土地征收的审批。

第四十四条第一款和第二款 建设占用土地，涉及农用地转为建设用地的，应当办理农用地转用审批手续。

永久基本农田转为建设用地的，由国务院批准。

第四十六条第一款和第二款 征收下列土地的，由国务院批准：(一)永久基本农田；(二)永久基本农田以外的耕地超过三十五公顷的；(三)其他土地超过七十公顷的。

征收前款规定以外的土地的，由省、自治区、直辖市人民政府批准。

笔记区

《中华人民共和国土地管理法实施条例》

第十一条第二款 非农业建设依法占用永久基本农田的，建设单位应当按照省、自治区、直辖市的规定，将所占用耕地耕作层的土壤用于新开垦耕地、劣质地或者其他耕地的土壤改良。

第五十一条 违反《土地管理法》第三十七条的规定，非法占用永久基本农田发展林果业或者挖塘养鱼的，由县级以上人民政府自然资源主管部门责令限期改正；逾期不改正的，按占用面积处耕地开垦费2倍以上5倍以下的罚款；破坏种植条件的，依照《土地管理法》第七十五条的规定处罚。

纠纷解决技巧

目前，全国的永久基本农田都已经建立了数据库，并落实到了具体地块。在当地经济社会发展过程中，如果确实需要占用农用地进行建设，那应当首先去自然资源管理部门查阅建设项目的用地是否涉及永久基本农田。如果涉及，集体经济组织或相关建设单位在建设之前，应当依法办理农用地转用审批，并在审批申请时对占用永久基本农田的必要性、合理性以及补充相应耕地的可行性作出详细说明。不过，由于该项审批必须由国务院作出，审批周期较长，审批条件严格，因此相关建设项目应当尽可能避开永久性基本农田。

1. 什么是永久基本农田,永久基本农田应如何使用?

试题

笔记区

国家能源、交通、水利、军事设施等重点建设项目选址需要占用永久基本农田,涉及农用地转用或者土地征收的,必须经(　　)[①]批准。

A. 自然资源部　　B. 国务院

C. 村委会　　D. 省级人民政府土地管理部门

---

① 答案:B。

笔记区

2. 非法占用或破坏农用地需要承担何种法律责任？

案例

方某与王某等三人签订土地租赁合同，租用其农用地10.3亩，用于建设环保砖厂。县自然资源局调查发现，方某经营的永兴环保砖厂未经批准，擅自在租用的农用地上硬化地面、堆放设备、正式投入生产，造成了农用地的严重破坏。经自然资源局委托专业机构鉴定，方某对农用地的损毁程度为特别严重，因此对其处以167,485元的罚款，并限期拆除建筑物、恢复土地原状。此后，方某缴纳罚款13万元，但未恢复土地原状。县公安局以涉嫌犯非法占用农用地罪将方某刑事拘留，随后县人民检察院依法提起公诉。县人民法院认定被告人方某犯非法占用农用地罪，判处有期徒刑1年，并处罚金2万元。

法律分析

为了严格保护耕地（特别是永久基本农田），我国对非法占用或破坏农用地的行为设定了行政处罚和追究刑事责任两种法律责任。发现土地违法行为构成犯罪的，县级人民政府自然资源部门应当将案件移送有关机关，依法追究刑事责任;尚不构成犯罪的,应当依法给予行政处罚。同时,对阻碍自然资源主管部门工作人员依法执行职务,构成违反治安管理行为的,依法给予治安管理处罚。对非法占用或破坏农用地的行为,主要由县级人民政府自然资源部门进行监督检查。

笔记区

知识链接

《中华人民共和国土地管理法》

第七十五条 违反本法规定,占用耕地建窑、建坟或者擅自在耕地上建房、挖砂、采石、采矿、取土等,破坏种植条件的,或者因开发土地造成土地荒漠化、盐渍化的,由县级以上人民政府自然资源主管部门、农业农村主管部门等按照职责责令限期改正或者治理,可以并处罚款;构成犯罪的,依法追究刑事责任。

第八十三条 依照本法规定,责令限期拆除在非法占用的土地上新建的建筑物和其他设施的,建设单位或者个人必须立即停止施工,自行拆除;对继续施工的,作出处罚决定的机关有权制止。建设单位或者个人对责令限期拆除的行政处罚决定不服的,可以在接到责令限期拆除决定之日起十五日内,向人民法院起诉;期满不起诉又不自行拆除的,由作出处罚决定的机关依法申请人民法院强制执行,费用由违法者承担。

笔记区

《中华人民共和国土地管理法实施条例》第五十五条　依照《土地管理法》第七十五条的规定处以罚款的，罚款额为耕地开垦费的5倍以上10倍以下；破坏黑土地等优质耕地的，从重处罚。

《中华人民共和国刑法》第三百四十二条　【非法占用农用地罪】违反土地管理法规，非法占用耕地、林地等农用地，改变被占用土地用途，数量较大，造成耕地、林地等农用地大量毁坏的，处五年以下有期徒刑或者拘役，并处或者单处罚金。

最高人民法院《关于审理破坏土地资源刑事案件具体应用法律若干问题的解释》（法释〔2000〕14号）第三条　违反土地管理法规，非法占用耕地改作他用，数量较大，造成耕地大量毁坏的，依照刑法第三百四十二条的规定，以非法占用耕地罪定罪处罚：

（一）非法占用耕地“数量较大”，是指非法占用基本农田五亩以上或者非法占用基本农田以外的耕地十亩以上。

（二）非法占用耕地“造成耕地大量毁坏”，是指行为人非法占用耕地建窑、建坟、建房、挖沙、采石、采矿、取上、堆放固体废弃物或者进行其他非农业建设，造成基本农田五亩以上或者基本农田以外的耕地十亩以上种植条件严重毁坏或者严重污染。

笔记区

纠纷解决技巧

本案中方某虽然缴纳了大部分罚款,但因为没有及时拆除占用农用地的违法建筑,所以不但被行政处罚,而且被司法机关依法追究了刑事责任。必须坚决贯彻执行粮食安全和耕地红线保护制度,不能以缴纳了罚款为借口继续占用农用地进行违法建设。在具体的工作中,"法律明白人"应当对相关法律的规定进行大力宣传,让广大群众明白法律的底线,以免受到刑事处罚。

试题

建设单位或者个人在非法占用的土地上新建的建筑物和其他设施被责令限期拆除,对该行政处罚决定不服的,可以在接到责令限期拆除决定之日起(　　)[①]日内,向人民法院起诉。

A. 5　　B. 10　　C. 15　　D. 20

① 答案:C。

笔记区

3. 擅自在耕地上挖砂、采石、采矿、取土，需要承担哪些法律责任？

案例

刘某新与某经济联合社2018年签订了一份耕地租赁合同，合同约定，刘某新承租该联合社26亩农业用地用于发展粮食种植或其他农业生产经营活动。合同签订后，刘某新伙同刘某波、刘某生等人合股投资，非法占用该耕地建设砖厂，造成耕地大量毁坏。经县自然资源局认定，该砖厂总占地面积23.35亩，均为违法占地，其中13.59亩耕地地面已经完全固化或硬底化，种植条件被严重破坏。后刘某新、刘某波、刘某生被抓获归案，法院判决三人犯非法占用农用地罪，分别判决被告人刘某新、刘某波、刘某生有期徒刑8个月、7个月和6个月，分别并处罚金10,000元、5000元和5000元。

法律分析

根据《中华人民共和国土地管理法》第75条的规定，占用耕地建窑、建坟或者擅自在耕地上建房、挖砂、采石、采矿、取土等，破坏种植条件的，或者因开发土地造成土地荒漠化、盐渍化的，由县级以上人民政府自然资源主管部门、农业农村主管部门等按照职责责令限期改正或者治理，可以并处罚款；构成犯罪的，依法追究刑事责任。根据《刑法》第 342 条的规定，所谓“构成犯罪”是指“违反土地管理法规，非法占用耕地、林地等农用地，改变被占用土地用途，数量较大，造成耕地、林地等农用地大量毁坏的，处五年以下的有期徒刑或者拘役，并处或者单处罚金”。根据最高人民检察院和公安部《关于公安机关管辖的刑事案件立案追诉标准的规定(一)》(公通字〔2008〕36 号)第 67 条的规定，所谓“改变被占用土地用途，造成耕地、林地等农用地大量毁坏的”，是指“(一)非法占用基本农田五亩以上或者基本农田以外的耕地十亩以上的；(二)非法占用防护林地或者特种用途林地数量单种或者合计五亩以上的；(三)非法占用其他林地十亩以上的；(四)非法占用本款第(二)项、第(三)项规定的林地，其中一项数量达到相应规定的数量标准的百分之五十以上，且两项数量合计达到该项规定的数量标准的；(五)非法占用其他农用地数量较大的情形”。另外，根据最高人民法院 2012 年发布的《关于审理破坏草原资源刑事案件应用法律若干问题的解释》(法释〔2012〕15 号)的规定，非法占用草原，改变被占用草原用途，数量在 20 亩以上的，或者曾因非法占用草原受过行政处罚，在三年内又非法占用草原，改变被占用草原用途，数量在 10 亩以上的，应当认定为刑法第 342 条规

笔记区

定的“数量较大”。

知识链接

《中华人民共和国民法典》

第一百八十七条 民事主体因同一行为应当承担民事责任、行政责任和刑事责任的，承担行政责任或者刑事责任不影响承担民事责任；民事主体的财产不足以支付的，优先用于承担民事责任。

第五百八十二条 履行不符合约定的，应当按照当事人的约定承担违约责任。对违约责任没有约定或者约定不明确，依据本法第五百一十条的规定仍不能确定的，受损害方根据标的的性质以及损失的大小，可以合理选择请求对方承担修理、重作、更换、退货、减少价款或者报酬等违约责任。

纠纷解决技巧

为了保障“18 亿亩耕地红线”，《中华人民共和国土地管理法》《中华人民共和国刑法》等法律法规为耕地转用为建设用地的，设立了较严格的审批程序和法律责任。擅自在租用的耕地上挖砂、采石、采矿、取土，涉及民事、行政和刑事三种责任类型。其中，民事责任由合同双方通过合同进行约定，行政责任由自然资源主管部门进行追究，刑事责任则由公安机关侦查、人民检察院公诉和人民法院依法

笔记区

审判后予以追究。在该案中,由于刘某新等人的行为已经触犯刑法,因此自然资源管理部门不用再通过行政罚款的方式追究其行政责任。但是,经济联合社与刘某新签订的是耕地租赁合同,刘某新在合同签订之后将相关土地用于建设砖厂,显然违背了合同签订的目的,因此经济联合社可以根据合同约定追究刘某新的民事违约责任。在具体的工作中,"法律明白人"应当积极引导农民或集体经济组织在耕地租赁合同中设定明确的违约责任条款,这样既可以通过合同约束租赁方不得违法挖砂、采石、采矿、取土,破坏土壤质量,也可以为追究违约方的违约责任提供合同依据。

试题

违反法律规定,擅自在耕地上挖砂、采石、采矿、取土被处以罚款的,罚款额为耕地开垦费的(　　)①。

A. 10 倍以上　　B. 5 倍以上 10 倍以下

C. 5 倍以下　　D. 1 倍以上 5 倍以下

① 答案:B。

笔记区

▶ 4. 耕地撂荒后又要求恢复承包关系如何处理？

案例

某村1998年开始实施第二轮土地承包政策。当时因种田收益低，需要缴纳农业税，大量青壮年劳动力进城务工导致该村有一部分耕地撂荒。2001年，村集体将该村张某某等30户村民承包的667亩撂荒地种草，并与崔某某等20户农民签订《林草承包到户合同》，由后者负责管理。随着国家2006年之后取消农业税，崔某某等村民又陆续开垦草地种植庄稼。2008年4月中旬，崔某某忙于春耕春种时，该村拥有二轮土地承包权的张某某等阻止崔某某耕种，并要求支付土地租金。崔某某等农户认为，这是其承包的土地且已与镇政府签订合同，不同意支付租金。双方协调无果后一起到镇政府反映诉求，要求解决此事。镇党委、政府得知此事后，认为此矛盾纠纷复杂、涉及人数较多、金额较大，便立即安排镇、村两级人民调解委员会联合对该村群体性土地承包纠纷进行调查调解。

法律分析

根据中央政策以及2003年《中华人民共和国农村土地承包法》的要求，1998年左右开展的第二轮土地承包合

笔记区

同有效期是30年。承包期内,除非特殊情况,发包方不得调整承包地。但因原承包户张某某等农户弃耕多年,没有履行应尽的承包义务,为了合理利用土地资源,村集体响应国家退耕还林还草政策,将相应土地确定给崔某某等农户管理也有合理性。但崔某某等违反《林草承包到户合同》,把草地开垦成耕地,没有尽到管理好草地的义务,所以集体有权收回涉案耕地,并在张某某等30户村民履行其弃耕期间应尽的集体义务后,再将耕地重新发还其继续承包。此后,崔某某等如果想继续耕种涉案土地,应当给张某某等30户村民缴纳租金。值得注意的是,2018年年底修正通过的《中华人民共和国农村土地承包法》第36条、第38条规定,承包期内,承包方可以按照“依法、自愿、有偿”的原则,自主决定依法采取出租(转包)、入股或者其他方式向他人流转土地经营权,并向发包方备案。此后,土地经营权人有权在合同约定的期限内占有农村土地,自主开展农业生产经营并取得收益,但不得改变土地所有权的性质和土地的农业用途,不得破坏农业综合生产能力和农业生态环境。同时,土地经营权流转的价款应当由当事人双方协商确定,流转的收益归承包方所有,任何组织和个人不得擅自截留、扣缴。土地经营权流转,当事人双方应当签订书面流转合同(交由他人代耕不超过一年的,可以例外)。

笔记区

知识链接

《中华人民共和国农村土地承包法》

第二十三条 承包合同自成立之日起生效。承包方自承包合同生效时取得土地承包经营权。

第二十五条 承包合同生效后,发包方不得因承办人或者负责人的变动而变更或者解除,也不得因集体经济组织的分立或者合并而变更或者解除。

第二十六条 国家机关及其工作人员不得利用职权干涉农村土地承包或者变更、解除承包合同。

第三十六条 承包方可以自主决定依法采取出租(转包)、入股或者其他方式向他人流转土地经营权,并向发包方备案。

第三十七条 土地经营权人有权在合同约定的期限内占有农村土地,自主开展农业生产经营并取得收益。

第三十八条 土地经营权流转应当遵循以下原则:(一)依法、自愿、有偿,任何组织和个人不得强迫或者阻碍土地经营权流转;(二)不得改变土地所有权的性质和土地的农业用途,不得破坏农业综合生产能力和农业生态环境;(三)流转期限不得超过承包期的剩余期限;(四)受让方须有农业经营能力或者资质;(五)在同等条件下,本集体经济组织成员享有优先权。

笔记区

纠纷解决技巧

在20世纪初,第二轮承包户外出务工后弃耕,没有和集体或其委托农户办理好流转手续的纠纷非常多,往往涉及面广、影响大、时间长,具有疑难、复杂、群体性的特点。“法律明白人”在处理此类纠纷时,应把握以下几个原则:一是要尊重第二轮承包时的土地分配结果,以此为基础来化解矛盾和纠纷。二是要指出当年弃耕农民不履行法律义务的问题。当其要求恢复承包关系时,明确其应当首先履行对国家和集体必要的法律义务。三是在当前的形势下,引导农民保留土地承包权、流转土地经营权来实现自身利益的最大化,同时也避免土地撂荒现象的再次出现。

试题

农村土地承包方可以自主决定依法采取出租(转包)、入股或者其他方式向他人流转(　　)[①],并向发包方备案。

A. 土地所有权　　B. 土地使用权

C. 土地承包权　　D. 土地经营权

① 答案:D。

笔记区

▶ 5. 土地承包期内发包方能否调整承包地?

案例

1998年以来,某村未严格执行国家"承包地30年不变"政策,而是每五年调整一次,出生和迁入户口的给予分地,死亡和迁出户口的扣除土地不予分地。在该村2014年的土地调整过程中,因为李某的父母已经去世,村集体收回了李家的4亩承包地。2019年,李某的儿子出生,其要求集体为其儿子分得承包地。村委会告知李某,村里没有多余地的地分配。李某认为其合法权益受到侵犯,要求集体返还其父母两人的土地,停止侵害,赔偿有关土地的损失,返还粮种补贴,给付误工费10,000元,并承担全部诉讼费。

法律分析

2003年生效的《中华人民共和国农村土地承包法》明确规定,承包期内发包人不得调整承包地。因自然灾害严重毁损承包地等特殊情形,对个别农户之间承包的耕地和草地需要适当调整的,必须满足三个条件:(1)只能对个别农户的承包地进行调整,不能全部打乱重分;(2)经本集体经济组织成员的村民会议2/3以上成员或者2/3以上村民

笔记区

代表的同意,(3)报乡(镇)人民政府和县级人民政府农业等行政主管部门批准。承包合同中约定不得调整的,按照其约定。法律之所以作出这样的规定,首先是因为农业生产需要一定的稳定性,不能经常调整;其次,经常性的调整可能会引发各种矛盾。基于这种社会发展需要,自2007年《物权法》颁布后,土地承包经营权就不再是一项简单的租赁权,而是承包户的一项稳定财产权(用益物权)。对于该财产,承包户可以自行开发利用,也可以通过转包、设立经营权等方式交由他人开发和利用。

从这个角度来看,《中华人民共和国民法典》和《中华人民共和国农村土地承包法》规定的"因自然灾害严重毁损承包地等特殊情形",实际上是指极为特殊的情况,而不是指集体可以基于人口的变化等因素随意调整土地。另外,即使在自然灾害严重毁损承包地等特殊情况下,土地调整也需要满足前述三个条件。

在该案中,村集体自2003年之后没有按照国家法律的规定严格执行"承包地30年不变"政策,而是根据人口的变化五年调整一次土地。近年来国家在推动土地承包经营权的确权登记,"五年调整一次土地"的做法无法继续实施,所以引发了诉讼。

笔记区

知识链接

《中华人民共和国民法典》第三百三十六条 承包期内发包人不得调整承包地。

因自然灾害严重毁损承包地等特殊情形，需要适当调整承包的耕地和草地的，应当依照农村土地承包的法律规定办理。

《中华人民共和国农村土地承包法》

第二十八条 承包期内，发包方不得调整承包地。承包期内，因自然灾害严重毁损承包地等特殊情形对个别农户之间承包的耕地和草地需要适当调整的，必须经本集体经济组织成员的村民会议三分之二以上成员或者三分之二以上村民代表的同意，并报乡(镇)人民政府和县级人民政府农业农村、林业和草原等主管部门批准。承包合同中约定不得调整的，按照其约定。

第五十八条 承包合同中违背承包方意愿或者违反法律、行政法规有关不得收回、调整承包地等强制性规定的约定无效。

纠纷解决技巧

从我国农业的发展趋势来看，引导农民将承包地流转给专业大户、家庭农场、农民合作社、农业企业，发展多种形式规模经营是实现农业现代化的必由之路。土地经营权的流转需要建立在土地承包经营权稳定的基础上。为此,作为发包方的集体应当严格落实"承包地 30 年不变"这一法律规定和政策要求,不应再根据人口的变动调整承包地。在解决相关纠纷时,首先,"法律明白人"应当做好国家法律的解释和宣讲工作,明确"频繁调整土地"的做法是违法的;其次,应当本着"尊重历史、尊重现实"的原则,做好群众的思想工作;最后,还应引导村民本着"团结互助,和谐友爱"的精神,进行承包地确权登记。确权登记之后,就不能再根据人口的变化进行土地调整了。

笔记区

试题

土地承包期内,因自然灾害严重毁损承包地等特殊情形,对个别农户之间承包的耕地适当调整的,需要报(　　)[①]批准?

A. 乡(镇)人民政府

B. 县级人民政府农业农村主管部门

C. 村民委员会

D. 省级以上地方人民政府

---

① 答案:AB。

笔记区

▶ 6. 农民去世后承包地能否被继承？

案例

某村村民蒋某夫妇共生育子女两人，即蒋甲、蒋乙。1998年土地第二轮承包时，蒋某作为户主代表其妻子及两位子女共分得8亩承包地。2010年和2015年蒋某夫妇先后去世，蒋某夫妇的4亩承包地由蒋甲和蒋乙分别耕种。2019年某村拟通过“村民大会”的方式，扣除死亡和户口迁出的原集体成员的土地。蒋甲、蒋乙不服，诉至法院。其认为，国家已经将8亩承包地登记为蒋家4口人所有，蒋某夫妇去世后，蒋某夫妇的4亩承包地应由作为子女的蒋甲和蒋乙继承，不能由集体直接收回。

法律分析

遗产是自然人死亡时遗留的个人合法财产。承包地是否可以被继承首先要明确其是否属于“个人财产”范畴。承包地的所有权人是农民集体经济组织，承包户不享有土地所有权，但拥有“用益物权”。所谓“用益物权”，是指非所有权人对他人之物享有的占有、使用、收益和进行特定处分的财产权。比如，城市中商品房所使用的70年国有建设用地使用权就是一种典型的用益物权。根据2007年

笔记区

《中华人民共和国物权法》(现为《中华人民共和国民法典》“物权编”)的规定,承包户对承包地也享有用益物权。《农村土地承包法》规定,家庭承包的承包方是本集体经济组织的农户,农户内家庭成员依法平等享有承包土地的各项权益,同时,土地承包经营权证应当将具有土地承包经营权的全部家庭成员列入。从这些规定来看,家庭承包是以“农户”而非“个人”为单位。家庭承包经营权归全体家庭成员共享,当该农户中的部分成员死亡时,土地的承包经营权仍归该户剩余的家庭成员共有,承包经营权并不发生继承的问题,该家庭中的其他成员可以继续承包。如果家庭成员全部死亡(“绝户”)时,该土地承包经营权才归于消灭。故在本案中,蒋某夫妇去世后,其承包的 4 亩土地的承包经营权,在承包期内应由蒋甲和蒋乙所在的家庭户继续享有,不能由集体收回。

知识链接

《中华人民共和国农村土地承包法》

第十六条 家庭承包的承包方是本集体经济组织的农户。农户内家庭成员依法平等享有承包土地的各项权益。

第二十四条第一款和第二款 国家对耕地、林地和草地等实行统一登记,登记机构应当向承包方颁发土地承包

笔记区

经营权证或者林权证等证书，并登记造册，确认土地承包经营权。

土地承包经营权证或者林权证等证书应当将具有土地承包经营权的全部家庭成员列入。

第三十二条 承包人应得的承包收益，依照继承法的规定继承。

林地承包的承包人死亡，其继承人可以在承包期内继续承包。

第五十四条 依照本章规定通过招标、拍卖、公开协商等方式取得土地经营权的，该承包人死亡，其应得的承包收益，依照继承法的规定继承；在承包期内，其继承人可以继续承包。

最高人民法院《关于审理涉及农村土地承包纠纷案件适用法律问题的解释》（法释〔2005〕6 号，2020 年修正）第二十三条 林地家庭承包中，承包方的继承人请求在承包期内继续承包的，应予支持。

其他方式承包中，承包方的继承人或者权利义务承受者请求在承包期内继续承包的，应予支持。

纠纷解决技巧

在具体的纠纷解决过程中，“法律明白人”应当首先向群众说明，承包经营权的主体并不是单个的集体经济组织

笔记区

成员,而是本集体经济组织的农户。既然承包经营权并非个人财产,自然不能被作为遗产继承,而应被作为家庭共有财产由剩余的家庭成员继续使用。正因如此,国家法律规定,应当将具有土地承包经营权的全部家庭成员的名字都写到土地承包经营权证上。这种法律规定意味着,只要这个家庭没有出现"绝户"的现象,那么在承包期内,家庭中成员的变化对于承包地和相关权益并不产生实质性的影响。如果农户家庭中有成员去世,那么承包地及其权益由剩余的家庭成员自然继续享有,并谈不上"继承"的问题。农户有家庭成员去世,那么承包地及其收益在家庭内部如何继续分配,是家庭内部的事务,集体不应当过多干涉。当然,"法律明白人"应当引导家庭内部按照"男女平等,照顾弱小"的原则合理配置其承包地和相关权益。

试题

依照法律规定通过招标、拍卖、公开协商等方式取得农村土地经营权的,该承包人死亡,其应得的承包收益,在承包期内,其(　　)①可以继续承包。

A. 子女　　B. 债权人

C. 同村村民　　D. 村委会

---

① 答案:A。

笔记区

7. 集体新增人口能否分到承包地？

案例

某村村民王某在2000年儿子出生后，曾找到村委会要求给儿子分2亩地。村主任面露难色地说："咱们村的机动地本来就少，去年第二轮承包时大部分可耕种的土地都发包出去了，没法再分了。"王某的儿子18岁后，王某再次向村里提出分一些承包地。村委会依然没有同意，王某便前往乡司法所咨询，寻求法律援助。司法所工作人员依据相关法律政策的规定作了解答：承包土地在第二轮承包后，不能随意调整，但如果村里有机动地，可以适量分给新增人口。后考虑王某仅靠原有承包地确实存在生活困难，村委会将1亩机动地分给了王某。

法律分析

根据《中华人民共和国农村土地承包法》的规定，集体经济组织依法预留的机动地、通过依法开垦等方式增加的土地、发包方依法收回和承包方依法并自愿交回的土地，应当用于调整承包土地或者承包给新增人口。即在因自然灾害严重毁损承包地等特殊情形需要调整土地时，应当将这些土地用于调整承包地；在因出生、婚嫁、户口迁移等

笔记区

原因新增人口时,应当将这些土地承包给新增人口。这是考虑很多农户在公平分配承包地之后,可能依然生活困窘,又没有其他的生存技能或生活来源,所以预先为这部分农民家庭提供一些额外的帮助。从这个角度来看,给新增人口无偿分配承包地需要具备几个条件:首先,集体经济组织依然有预留的机动地或其他未承包地。如果本集体没有机动的土地,那么是不能通过打乱重分的方式来为新增人口分配承包地的。其次,新增人口必须确实存在生活困难情形。最后,给新增人口分配的承包地,原则上不应适用“承包地 30 年不变政策”,而应当以 3 ~ 5 年为一期进行调整。如果新增人口已经不存在生活困难的情形,那么应当将相应的承包地交回集体,由集体重新分配给其他生活困难的成员。

知识链接

《中华人民共和国农村土地承包法》

第二十九条 下列土地应当用于调整承包土地或者承包给新增人口:(一)集体经济组织依法预留的机动地;(二)通过依法开垦等方式增加的;(三)发包方依法收回和承包方依法、自愿交回的。

第三十条 承包期内,承包方可以自愿将承包地交回发包方。承包方自愿交回承包地的,可以获得合理补

笔记区

偿，但是应当提前半年以书面形式通知发包方。承包方在承包期内交回承包地的，在承包期内不得再要求承包土地。

第六十七条 本法实施前已经预留机动地的，机动地面积不得超过本集体经济组织耕地总面积的百分之五。不足百分之五的，不得再增加机动地。

本法实施前未留机动地的，本法实施后不得再留机动地。

纠纷解决技巧

在传统的农业社会，土地是农民生活和生存的重要保障，故需要确保新增农业人口有地耕种。但经过 40 余年的改革开放，中国经济不断发展，各种就业机会和就业岗位不断增加；国家还不断建立和健全农民的养老、医疗等方面的社会保障，又对处于义务教育阶段的学生进行了学费减免。在这种情况下，土地对农民的生活和生存的保障功能越来越弱化，因此应当引导农民更加注重对子女教育和职业能力的投资和规划，提高其工作能力，从而适应现代社会对人才的需求。当然，对生活困难的农民，如果本集体依然有机动地的，那么可对其予以适当照顾。

试题

笔记区

下列(　　)[1]可以用于调整承包土地或者承包给新增人口?

A. 集体经济组织依法预留的机动地

B. 通过依法开垦等方式增加的农村土地

C. 发包方依法收回的农村土地

D. 承包方依法自愿交回的农村土地

① 答案:ABCD。

笔记区

8. 农村妇女外嫁后是否还享有本村土地的承包经营权?

案例

韩某属于A村的外嫁女性,但其婚后户口未迁出原籍且仍在原居住地生活,在嫁入地也未取得承包地。2015年,A村村两委、党员大会、村民代表大会一致通过,凡是在2015年之前出嫁的妇女,土地承包经营权全部收回。韩某认为自己的土地承包经营权,不能因为婚姻状态的变化而被A村收回,《中华人民共和国农村土地承包法》不但规定土地承包经营权30年不变,而且明确规定“承包期内,妇女结婚,在新居住地未取得承包地的,发包方不得收回其原承包地”。A村村委会反对这种意见,首先,土地调整系依法行使《中华人民共和国村民委员会组织法》《中华人民共和国农村土地承包法》赋予的村委会村民自治的权力,表决结果应具有法律效力;其次,韩某户口虽在A村,但其与丈夫长期在外务工,并在县城购有房产,不属于本村村民,不享有土地承包经营权;最后,依照风俗习惯,出嫁女不应分得承包地。纠纷由此产生,韩某将A村村委会诉至法院。法院判决A村村委会败诉,并要求A村村委会退还韩某的承包地,并赔偿韩某耕地承包费、直补款等损失。

笔记区

法律分析

为了切实维护妇女的合法土地权益，2003年通过的《中华人民共和国农村土地承包法》规定，承包期内，妇女结婚，在新居住地未取得承包地的，发包方不得收回其原承包地；妇女离婚或者丧偶，仍在原居住地生活或者不在原居住地生活但在新居住地未取得承包地的，发包方不得收回其原承包地。2018年修正的《中华人民共和国农村土地承包法》进一步规定“农户内家庭成员依法平等享有承包土地的各项权益”。“土地承包经营权证或者林权证等证书应当将具有土地承包经营权的全部家庭成员列入。”

知识链接

《中华人民共和国妇女权益保障法》

第三十二条 妇女在农村土地承包经营、集体经济组织收益分配、土地征收或者征用补偿费使用以及宅基地使用等方面，享有与男子平等的权利。

第三十三条 任何组织和个人不得以妇女未婚、结婚、离婚、丧偶等为由，侵害妇女在农村集体经济组织中的各项权益。

因结婚男方到女方住所落户的，男方和子女享有与所在地农村集体经济组织成员平等的权益。

《中华人民共和国农村土地承包法》

第六条 农村土地承包，妇女与男子享有平等的权

笔记区

利。承包中应当保护妇女的合法权益,任何组织和个人不得剥夺、侵害妇女应当享有的土地承包经营权。

第三十一条　承包期内,妇女结婚,在新居住地未取得承包地的,发包方不得收回其原承包地;妇女离婚或者丧偶,仍在原居住地生活或者不在原居住地生活但在新居住地未取得承包地的,发包方不得收回其原承包地。

纠纷解决技巧

"法律明白人"首先要引导村干部和村民严格坚持土地承包经营权 30 年不变政策,对嫁出去的妇女不收回原有的承包地,对嫁进来的妇女不分配新的承包地,为相关难题的解决提供坚实的基础;其次,只有确实有确凿证据表明,嫁出去的妇女在嫁入地分配到了新的承包地,才可以收回其原承包地;最后,收回的承包地应当作为机动地,给其他生活困难的新增人口进行分配。

试题

土地承包期内,农村妇女结婚后,在下列(　　)①情况下,发包方可以收回其原承包地?

A. 嫁到外村且在外村已取得新的承包地

B. 嫁到外村但并未取得新的承包地

C 在原居住地生活　　　D. 长期居住在城镇

---

① 答案:A。

笔记区

▶ 9. 农民进城落户后，承包地是否要收回？

案例

某村村民王某夫妇共生育子女王甲和王乙两人。1998 年土地第二轮承包时，王某夫妇及两名子女共分得 8 亩承包地。2018 年时，王某夫妇及其子女王甲和王乙举家迁往某市，全家户口也转为非农业户口。2020 年，村委会认为，由于王某一家举家迁入城市，因此收回其 8 亩承包地。王某一家不服，向法院提出诉讼。法院经审理后认为，村委会收回王某一家 8 亩承包地的行为是违法的，应当撤销。

法律分析

随着我国社会经济的发展和城市化的不断推进，一些农民离土离乡、进城就业。在这种情况下，其原来承包的土地是否应当被集体经济组织收回就变成了一个较常见的问题。2018 年修正的《中华人民共和国农村土地承包法》规定“国家保护进城农户的土地承包经营权。不得以退出土地承包经营权作为农户进城落户的条件”。

该规定意味着，承包农户即使全家都进城落户，无论其是否被纳入城镇住房和社会保障体系，也无论其是落户

笔记区

到大城市还是小城市抑或是县城，其进城落户前所取得的农村土地承包经营权仍然受法律保护，不得被收回。

当然，承包户进城落户之后，其可以按照自愿有偿的原则将承包地交回发包方，也可以将承包地转让给本集体经济组织的成员，还可以保留承包权将一定期限的经营权流转给其他农业经营主体。承包农户具体如何选择，是其应有的权利和自由，并应当获得相应的补偿或市场对价。因此，各地政府和村委会应充分尊重农民意愿，不能以农民已进城落户为由就剥夺其土地承包经营权。

知识链接

《中华人民共和国农村土地承包法》第二十七条 承包期内，发包方不得收回承包地。

国家保护进城农户的土地承包经营权。不得以退出土地承包经营权作为农户进城落户的条件。

承包期内，承包农户进城落户的，引导支持其按照自愿有偿原则依法在本集体经济组织内转让土地承包经营权或者将承包地交回发包方，也可以鼓励其流转土地经营权。

承包期内，承包方交回承包地或者发包方依法收回承包地时，承包方对其在承包地上投入而提高土地生产能力的，有权获得相应的补偿。

笔记区

最高人民法院《关于审理涉及农村土地承包纠纷案件适用法律问题的解释》(法释〔2005〕6 号，2020 年修正)第五条 承包合同中有关收回、调整承包地的约定违反农村土地承包法第二十七条、第二十八条、第三十一条规定的，应当认定该约定无效。

纠纷解决技巧

土地承包经营权在 20 世纪 80 年代时，只是一种租赁集体土地进行耕种的权利。但是 2007 年《中华人民共和国物权法》颁布以后，这项权利已经转变为承包户的一项稳定财产权(用益物权)。对该财产，承包户可以自行开发利用，也可以通过转包、设立经营权等方式交由他人开发和利用。既然是承包户的一项财产权，那么就不应当因为该户成员的工作、户口或婚姻状态发生变化而被无偿收回。正是在这一背景下，我们应当将“行政村的政治成员资格”与“农民集体经济组织的经济成员资格”进行区分。所谓“行政村的政治成员资格”，是指某个公民作为某个村庄的成员参与该集体政治生活的权利，比如，参加村民会议、选举或被选举为村委会成员等。所谓“农民集体经济组织的经济成员资格”，则是指基于一定的财产关系而参与某个经济组织的权利，比如，参与分红、参与投资决策、参与收益分配等。在现代社会，这两种成员权的区别在

笔记区

于:“行政村的政治成员资格”作为一项政治性权利,可以基于出生、居住期限、户籍等自然、政治或行政因素而获得,也可能会因为户籍所在地或者居住地变化而丧失;“农民集体经济组织的经济成员资格”则不同,其只能通过继承、接受赠与、购买、技术或劳动力投资等方式而获得,并通过向他人出售、赠与,或撤回投资等方式丧失,而不应基于出生、居住期限、户籍等因素获得或丧失。明确了上述法理之后,“法律明白人”就可以对相关纠纷作出符合社会和法律发展要求的处理。

试题

土地承包期内,承包农户进城落户的,(　　)[①]以退出土地承包经营权作为农户进城落户的条件。

A. 可以　　　　B. 不得

C. 应当　　　　D. 鼓励

① 答案:B。

笔记区

▶ 10. 第二轮承包合同届满后是收回土地还是继续承包?

案例

A 村 1998 年开展第二轮土地承包,第二轮承包期将于 2028 年届满。B 公司是一个专业从事大豆种植的高新技术企业。2020 年,经过前期的调研和考察,B 公司认为 A 村的土壤和气候条件非常适合种植大豆,因此想跟 A 村的部分农户签订为期 15 年、涉及面积 500 亩的土地经营权转让合同,并开展大豆种植。但是 B 公司发现 A 村村民的承包期将在 8 年后届满,届满之后,这些村民是否还对相关土地享有承包经营权呢?为此,B 公司走访了村委会以及政府农业农村主管部门。县农业农村局告诉 B 公司的负责人,虽然第二轮土地承包将在 2028 年到期,但是 2018 年修改的《农村土地承包法》第 21 条规定 30 年承包期届满后,土地承包经营权可以继续延长 30 年,因此 B 公司与 A 村的部分农户签订为期 15 年的土地经营权转让合同并不存在法律障碍。B 公司得知这一信息后,很快就与农户签订了相关合同。农户们不但能得到土地租金,还可以到 B 公司参加部分农业劳动兼职赚取报酬。

笔记区

法律分析

关于承包期,《中华人民共和国土地管理法》和《中华人民共和国农村土地承包法》明确规定,耕地承包期届满后再延长30年,草地和林地承包期届满后依法相应延长。所谓"承包期届满后再延长三十年"并不仅是指家庭联产承包责任制这一项制度再延长30年,而是指如果没有极特殊的情况,现有的承包关系应当继续再延长30年。从案例中可以看出,目前虽然很多农民进城务工,但是也有很多拥有现代科技的公司,想从事规模化的农业生产。如果没有稳定的承包关系,那么农业的规模化经营就无法开展。在这种情况下,如果施行"承包期届满后重新打乱分配",可能影响农业生产的稳定性和规模化。正是基于上述规定,国家的法律和政策作出了"承包期届满后再延长三十年"的制度安排。这种制度安排既有利于各类农业生产主体作出合理的投资安排,也有利于土地资源的合理利用以及我国农业生产的现代化和规模化发展。同时,对于因为家庭成员增多导致生活困难的农户,国家可以通过提供免费的义务教育、将农民纳入养老和医疗等社会保障体系、精准扶贫等措施来带动其共同富裕。

笔记区

知识链接

《中华人民共和国民法典》第三百三十二条 耕地的承包期为三十年。草地的承包期为三十年至五十年。林地的承包期为三十年至七十年。

前款规定的承包期限届满,由土地承包经营权人依照农村土地承包的法律规定继续承包。

《中华人民共和国农村土地承包法》第二十一条 耕地的承包期为三十年。草地的承包期为三十年至五十年。林地的承包期为三十年至七十年。

前款规定的耕地承包期届满后再延长三十年,草地、林地承包期届满后依照前款规定相应延长。

《中华人民共和国土地管理法》第十三条第一款 农民集体所有和国家所有依法由农民集体使用的耕地、林地、草地,以及其他依法用于农业的土地,采取农村集体经济组织内部的家庭承包方式承包,不宜采取家庭承包方式的荒山、荒沟、荒丘、荒滩等,可以采取招标、拍卖、公开协商等方式承包,从事种植业、林业、畜牧业、渔业生产。家庭承包的耕地的承包期为三十年,草地的承包期为三十年至五十年,林地的承包期为三十年至七十年;耕地承包期届满后再延长三十年,草地、林地承包期届满后依法相应延长。

笔记区

纠纷解决技巧

由于我国大多数地区的第二轮承包是在1998年左右开展的,多数会在2028年出现承包期届满的问题,因此相关矛盾目前可能并不明显。但是在具体的工作中,“法律明白人”应当通过普法宣传等方式,积极向广大干部和村民宣讲国家法律的规定,确保2028年左右向第三轮承包平稳过渡。在普法过程中应当特别强调,国家颁发的土地承包经营权证书意味着农民已经对承包证上的土地拥有承包再延长30年的权利。在承包户与其他经营主体流转土地经营权的过程中,明确这一点,对各方签订合理的土地经营权合同、维护农业生产的稳定,具有重要意义。

试题

第二轮承包期届满以后,土地承包期再延长(　　)[①]年?

A. 30年　　B. 40年

C. 50年　　D. 70年

① 答案:A。

笔记区

11. 农民承包地能不能与其他农民互换?

案例

崔某和刘某是同村村民,2001 年时,为了各自耕种便利,崔某和刘某达成了换地协议,崔某将自己承包的 A 地块与刘某承包的 B 地块进行了互换,并向村集体进行了备案。2003 年时,听说高速公路修路可能会占用 B 地块,预计会得到一定的征地补偿,所以刘某与崔某协商取消换地协议。崔某不同意,刘某便强行耕种了 B 地块。崔某向法院提起诉讼,请求刘某继续履行换地合同,并确认 B 地块属于其所有。法院认为,双方为了耕种便利达成换地协议,系真实的意思表示,并且双方为同村村民,该协议没有违反法律的效力性强制性规定,因此双方达成的换地协议合法有效,B 地块的承包经营权人是崔某而非刘某。

法律分析

属于同一集体经济组织所有的土地有好有次、有远有近、有朝阳有背阴,因此在土地承包时,发包方通常是本着"好坏搭配、兼顾远近、考虑用途"的精神,合理分配承包地。但如此一来,承包农户得到的承包地通常并不相连。为此,2003 年通过的《中华人民共和国农村土地承包法》

笔记区

明确规定，承包方之间为方便耕种或者各自需要，可以对属于同一集体经济组织的土地的土地承包经营权进行互换。但是当事人双方应当签订书面合同，并报发包方备案。

由于土地承包经营权互换通常都是对等的，也未剥夺互换双方的土地承包经营权，因此，只要不违反法律，侵害他人的合法权益，发包方就应允许，并依法进行备案。但应当注意的是，土地承包经营权互换，表面上来看是地块的交换，但从法律性质上来看，是承包经营权权利本身的交换。合同签订之后，原有的发包方与承包方的关系，变为发包方与互换后的承包方的关系，双方的权利义务同时作出相应的调整，因此一旦双方签署了土地承包经营权互换协议，并在村集体备案，该互换协议是不能被单方废止的。

知识链接

《中华人民共和国农村土地承包法》

第三十三条　承包方之间为方便耕种或者各自需要，可以对属于同一集体经济组织的土地的土地承包经营权进行互换，并向发包方备案。

第三十五条　土地承包经营权互换、转让的，当事人可以向登记机构申请登记。未经登记，不得对抗善意第三人。

笔记区

纠纷解决技巧

很多承包户互换承包地时,往往只是通过口头协议,对互换的期限、互换土地如果被征收如何分配补偿金等问题也没有明确约定,更没有到村集体备案。这种做法无疑会给未来埋下很多隐患。在具体开展工作时,“法律明白人”应当引导准备进行承包地互换的当事人完成以下工作:首先,当事人应当签订书面协议,并在协议上明确是永久性互换还是在特定期限内互换;其次,互换之后,如果遇到土地征收征用,补偿款如何分配,也应当在协议中明确;再次,应当提醒当事人到村集体进行备案;最后,如果是永久性互换的,应当提醒当事人到当地登记机构办理土地承包经营权变更登记,防止未来出现法律纠纷。

试题

农村土地承包经营权互换、转让的,满足(　　)①条件,可以对抗善意第三人。

A. 签订书面合同　　B. 经登记机构依法登记

C. 向村委会报备　　D. 经乡镇人民政府同意

① 答案:B。

笔记区

▶ 12. 农村未利用地应如何开荒并确权?

案例

2021 年 11 月,陈某与吉某在一处开荒地的地界争议问题上产生冲突,民警前往处理纠纷。陈某希望以现有种植情况划定地界,并要求吉某对损坏的种植物进行赔偿。吉某则声称这块地是父辈就开始种植的“祖宗地”,要求重新划定界限,且认为种植物被损坏是因为陈某越界所致,其不负任何责任。双方都迫切希望能够对目前争议地块的界限进行明确划分,尽快恢复正常的生产生活。村两委干部告知双方,此块土地权属归村委会,同时告知了双方争议土地的使用历史、使用依据及村委会有关争议土地的使用规划。村委会请教了有关专家后认为“任何单位和个人不得以‘祖宗地’为由要求确认土地权属”,此后经过耐心地明理析法,双方最终同意各退一步,达成调解协议。

法律分析

习近平总书记强调“绿水青山就是金山银山”,要像爱护眼睛一样爱护生态环境。未利用的土地是尚未开垦利用的土地,也是承包权和经营权还没有确定的土地。开垦荒地需要按照法定程序进行。首先,开发荒地必须符合土地利用总体规划。国家鼓励单位和个人按照土地利用总体规划,在保护和改善生态环境、防止水土流失和土地荒漠化的前提下,开发未利用的土地。其次,开垦荒地,必须经过科学论证和评估,在土地利用总体规划划定的可开垦的区域内,经依法批准后进行。在开垦的过程中,禁止毁坏森林,禁止将草原开垦为耕地,禁止围湖造田和侵占江河滩地。最后,开垦荒地必须经过依法批准后进行。开发未确定使用权的国有荒山、荒地、荒滩从事种植业、林业、畜牧业、渔业生产的,必须经过县级以上人民政府依法批准,才可以确定给开发单位或者个人长期使用。

关于开垦荒地的确权。首先,对不宜采取家庭承包方式的荒山、荒沟、荒丘、荒滩等可以直接通过招标、拍卖、公开协商等方式实行承包经营,也可以将土地经营权折股分给本集体经济组织成员后,再实行承包经营或者股份合作经营,从事种植业、林业、畜牧业、渔业生产。其次,以招标、拍卖、公开协商等方式承包农村土地的,应当签订承包合同,承包方取得土地经营权。当事人的权利和义务、承包期限等,由双方协商确定。以招标、拍卖方式承包的,承包费通过公开竞标、竞价确定;以公开协商等方式承包的,承包费由双方议定。

笔记区

知识链接

《中华人民共和国土地管理法》

第四十条 开垦未利用的土地,必须经过科学论证和评估,在土地利用总体规划划定的可开垦的区域内,经依法批准后进行。禁止毁坏森林、草原开垦耕地,禁止围湖造田和侵占江河滩地。

根据土地利用总体规划,对破坏生态环境开垦、围垦的土地,有计划有步骤地退耕还林、还牧、还湖。

第四十一条 开发未确定使用权的国有荒山、荒地、荒滩从事种植业、林业、畜牧业、渔业生产的,经县级以上人民政府依法批准,可以确定给开发单位或者个人长期使用。

《中华人民共和国农村土地承包法》第五十条 荒山、荒沟、荒丘、荒滩等可以直接通过招标、拍卖、公开协商等方式实行承包经营,也可以将土地经营权折股分给本集体经济组织成员后,再实行承包经营或者股份合作经营。

承包荒山、荒沟、荒丘、荒滩的,应当遵守有关法律、行政法规的规定,防止水土流失,保护生态环境。

纠纷解决技巧

对于荒地确权纠纷:首先,村两委应及时告知当事人争议土地属于集体所有,同时通过查阅文献资料、实地走

笔记区

访等方式了解争议土地的使用历史、使用依据及村委会有关争议土地的使用规划,明确争议地块是否属于未利用地;其次,详细了解当事人的诉求以及对地界等问题的认识,同时耐心做好法律、法规的宣传工作,明确任何个人均不得以“祖宗地”为由要求确认土地权属,并劝导其依法依规对荒地进行开发利用及确权;最后,对于符合土地利用总体规划,经县级以上人民政府批准,依法履行土地承包手续的开荒地依法确定由开荒人长期使用。对于不符合土地利用总体规划或不符合荒地利用规定的,应从大局出发,发挥“法、理、情”的综合作用,按照依法依规、尊重历史、团结友爱等基本原则定分止争。

试题

开发未确定使用权的国有荒山、荒地、荒滩从事种植业、林业、畜牧业、渔业生产的,经(　　)[①]依法批准,可以确定由开发单位或者个人长期使用。

A. 市级人民政府　　B. 县级以上人民政府

C. 村委会　　D. 省级人民政府土地管理部门

① 答案:B。

笔记区

▶ 13.什么是承包地的“三权分置”?

案例

孙某一家三口在1998年第二轮承包时共承包某村10.62亩土地。孙某的儿子成年后在城市务工,只在逢年过节时才能回到老家。孙某夫妇均已年过六旬,因为还要到城里照顾孙子,无法继续耕种土地。孙某老两口打算等孙子上初中之后,回到农村继续生活。王某是当地的一个种田大户,他知道了孙某一家的情况后,希望能够租赁孙家的10.62亩土地。经过双方友好协商,最终签订了为期8年的土地租赁协议。该协议约定,8年租赁期内,王某按照200元/亩的价格每年向孙某支付土地租金,并利用10.62亩土地种植农作物。如果没有孙某同意,不得进行非农业建设。协议到期之后,孙某收回10.62亩土地。为了确保该协议得到有效执行,双方当事人还到当地农业部门为王某办理了土地经营权证书。

法律分析

中共中央办公厅、国务院办公厅2014年发布的《关于引导农村土地经营权有序流转发展农业适度规模经营的意见》指出,伴随我国工业化、信息化、城镇化和农业现代化进程，农村劳动力大量转移，农业物质技术装备水平不断提高，农户承包土地的经营权流转明显加快，发展适度规模经营已成为必然趋势。实践证明，土地流转和适度规模经营是发展现代农业的必由之路，有利于优化土地资源配置和提高劳动生产率，有利于保障粮食安全和主要农产品供给，有利于促进农业技术推广应用和农业增效、农民增收，应从我国的实际出发，积极稳妥地推进。为此，2014年的中央一号文件《关于全面深化农村改革加快推进农业现代化的若干意见》提出要推进“落实农村土地集体所有权、稳定农户承包权和放活土地经营权”改革。这就是承包地“三权分置”改革。

为了将这一项改革法治化，充分发挥“三权”的各自功能和整体效用，形成层次分明、结构合理、平等保护的格局，2018 年修正的《中华人民共和国农村土地承包法》首先规定，耕地承包期届满后再延长 30 年，这样就实现了“稳定农户承包权”的目标。其次，该法又规定，承包方承包土地后，可以自己经营，也可以保留土地承包权，流转其承包地的土地经营权，由他人经营。如此一来就建立了独立的“土地经营权”制度。最后，工商企业等社会资本通过流转取得土地经营权的，本集体经济组织可以收取适当管理费用，这样就落实了“农村土地集体所有权”。另外，为了确保长期从事农业生产经营的新型农业生产主体稳定

笔记区

从事农业生产,《农村土地承包法》又规定:(1)承包方流转土地经营权之后,不得单方解除土地经营权流转合同,但受让方有法律规定的情形除外;(2)为了给新型农业经营主体以稳定的生产经营信心,该法还规定"土地经营权流转期限为五年以上的,当事人可以向登记机构申请土地经营权登记。未经登记,不得对抗善意第三人";(3)受让方通过流转取得的土地经营权,经承包方书面同意并向发包方备案,可以向金融机构融资担保。

知识链接

《中华人民共和国农村土地承包法》

第九条 承包方承包土地后,享有土地承包经营权,可以自己经营,也可以保留土地承包权,流转其承包地的土地经营权,由他人经营。

第三十六条 承包方可以自主决定依法采取出租(转包)、入股或者其他方式向他人流转土地经营权,并向发包方备案。

第三十八条 土地经营权流转应当遵循以下原则:(一)依法、自愿、有偿,任何组织和个人不得强迫或者阻碍土地经营权流转;(二)不得改变土地所有权的性质和土地的农业用途,不得破坏农业综合生产能力和农业生态环境;(三)流转期限不得超过承包期的剩余期限;(四)受让方须有农业经营能力或者资质;(五)在同等条件下,本集体经济组织成员享有优先权。

笔记区

第四十六条 经承包方书面同意,并向本集体经济组织备案,受让方可以再流转土地经营权。

纠纷解决技巧

自进入21世纪以来,农村土地经营权的流转实际上是大量存在的。法律和政策主要对已广泛存在的社会实践进行了归纳和总结,对土地承包权人和土地经营权人的流转活动赋予了明确的合法性。不过,《中华人民共和国农村土地承包法》所建立的土地经营权制度具有一些新的特点,比如,五年以上可以进行土地经营权登记。这种登记既为土地经营权人稳定从事农业生产提供了产权凭证保障,又为从事规模化农业生产的新型农业经营主体融资提供了融资担保渠道,因此应当在具体工作中向双方当事人详细讲解。

试题

农村承包地的“三权分置”是指(　　)[①]。

A. 所有权　　B. 承包权

C. 经营权　　D. 抵押权

---

① 答案:ABC。

笔记区

▶ 14. 土地经营权出让可否出让给工商企业?

案例

自2016年起,在王村村委的支持下,该村50户村民将300亩承包地经营权入股到该村的B股份合作社,并授权该股份合作社统一经营管理。2018年12月20日,A公司与王村B股份合作社签订了一份土地经营性出让合同,约定将该股份合作社150亩土地用于花卉生产,期限为15年,承包款标准为每年每亩1000元,于每年1月1日前一次性付清当年度的承包款。合同签订后,A公司支付了2019年的土地经营权价款,但是2020年和2021年未付土地经营权价款。2021年6月,王村B股份合作社向A公司发出催款函,催要结欠的两年土地承包款30万元。A公司收到催款函后仍未支付,王村B股份合作社诉至法院。法院认为,王村B股份合作社提出的诉讼,事实清楚,理由正当,应予支持。双方在合同中未约定利息的计算方式,王村B股份合作社主张按照全国银行间同业拆借中心公布的贷款市场报价利率1.3倍计算未超过法律保护的上限,法院依法予以支持。

法律分析

笔记区

承包地"三权分置"改革,作为农村改革的重大制度创新,符合生产关系适应生产力发展的客观规律,展现了农村基本经营制度的持久活力。"三权分置"需要牢牢把握坚持土地集体所有权、稳定农户承包权、放活土地经营权的要求,始终坚持农村土地集体所有权的根本地位,严格保护农户承包权,加快放活土地经营权。

根据《中华人民共和国农村土地承包法》第 45 条的规定:对工商企业等社会资本流转土地经营权进行风险控制的主体是县级以上地方人民政府。县级人民政府对其行政区域内工商企业等社会资本流转土地经营权建立统一的资格审查、项目审核和风险防范制度。资格审查,是指对流转取得土地经营权的工商企业等社会资本是否具备农业经营能力或者相应资质进行审查,确保其在流转取得土地经营权后能够作为适格主体进行开发经营,实现土地利用效益的最大化。项目审核,是指对工商企业流转土地经营权后的具体开发项目要予以把关审核,特别是要确保项目开发不得改变土地的农业用途,不得破坏农业综合生产能力和农业生态环境。风险防范,是指在整个工商企业等社会资本通过流转取得土地经营权并用于实际开发的过程中,政府有关部门应当始终强调事前事中事后监管,

笔记区

切实防范因经营主体违约或者经营不善等损害农民权益的事项发生。

知识链接

农业农村部《农村土地经营权流转管理办法》第二十九条 县级以上地方人民政府对工商企业等社会资本流转土地经营权,依法建立分级资格审查和项目审核制度。审查审核的一般程序如下:

(一)受让主体与承包方就流转面积、期限、价款等进行协商并签订流转意向协议书。涉及未承包到户集体土地等集体资源的,应当按照法定程序经本集体经济组织成员的村民会议三分之二以上成员或者三分之二以上村民代表的同意,并与集体经济组织签订流转意向协议书。

(二)受让主体按照分级审查审核规定,分别向乡(镇)人民政府农村土地承包管理部门或者县级以上地方人民政府农业农村主管(农村经营管理)部门提出申请,并提交流转意向协议书、农业经营能力或者资质证明、流转项目规划等相关材料。

(三)县级以上地方人民政府或者乡(镇)人民政府应当依法组织相关职能部门、农村集体经济组织代表、农民代表、专家等就土地用途、受让主体农业经营能力,以及经营项目是否符合粮食生产等产业规划等进行审查审核,并于受理之日起20个工作日内作出审查审核意见。

笔记区

(四)审查审核通过的,受让主体与承包方签订土地经营权流转合同。未按规定提交审查审核申请或者审查审核未通过的,不得开展土地经营权流转活动。

纠纷解决技巧

土地经营权流转的受让方应当为具有农业经营能力或者资质的组织和个人。在同等条件下,本集体经济组织成员享有优先权,但本集体经济组织成员不行使优先权的,可以转让给工商企业等社会资本。相关转让合同应当根据法律的规定报政府进行分级资格审查和项目审核,并建立相关风险防范机制。资格审查、项目审核及风险防范制度尽管强调的侧重点有所不同,但三者是有机统一的,都是为了在最大化盘活土地资源的前提下,强化对承包农户权益的保护。在案例中,王村股份合作社与A公司的土地经营权流转合同没有履行这些必要的法律程序,因此不得不诉诸法院进行解决。“法律明白人”在工作中应当及时查阅土地经营权流转的相关法律法规,确保相关合同的签署符合法律法规的规定,并将法律风险降至最低。

笔记区

试题

工商企业等社会资本通过流转取得土地经营权的，应当满足（　　）[①]条件。

A. 村民会议 2/3 以上成员或 2/3 以上村民代表的同意

B. 集体经济组织签订流转意向协议书

C. 县级以上政府审查审核

D. 乡级以上政府审查审核

① 答案：ABC。

笔记区

▶ 15. 承包地经营权流转后的收益如何分配?

案例

2019年12月6日,汪某等80余户村民共同委托该村村民委员会与A公司签订《土地经营权流转合同》,由当地镇政府在合同上签章备案确认,合同约定:(1)汪某等80余户将223.2亩土地的土地经营权流转给A公司发展农业生产经营及配套设施建设;(2)租赁期限自2019年12月8日至2029年12月7日;(3)租金为每亩土地每年400元。2020年1月,A公司将涉案土地租金89,280元支付给了村委会之后,村委会按照50元/亩的标准,先从土地租金中扣除了1万元,再将其余租金分给80余户村民。有部分村民认为,村委会无权扣除1万元,要求按照每亩土地400元租金的标准全部支付给村民。村委会认为自身为该土地经营权流转合同的签订作出了重要贡献,而且后续合同的执行还需要村委会提供很多服务工作。双方无法达成共识。村委会随后被部分村民诉至法院。

法律分析

土地经营权是由土地承包经营权人设立的,流转土地经营权是土地承包经营权人经营承包地的一种方式,是土

笔记区

地承包经营权人对承包地行使收益权的方式。因此，土地经营权流转的收益应当归属于土地承包经营权人，也就是承包方。土地经营权流转受让方应当按照合同约定按时足额向承包方支付价款。在实践中，由于流转土地经营权的方式不同，承包方与受让方未必是直接“一对一”地进行协商，双方约定的价款支付方式也不一定是直接支付，可能会采取委托第三方（如集体经济组织或者村民委员会）支付的方式进行。在这种情况下，集体经济组织或者村民委员会就必须及时向承包方发放土地经营权流转价款，不得截留、扣缴。根据《中华人民共和国农村土地承包法》第61条的规定，截留、扣缴土地经营权流转收益的组织和个人，应当退还。

对工商企业等社会资本通过流转取得土地经营权的，集体经济组织可否收取适量管理费用的问题，在立法过程中存在不同意见。最终立法机关赋予集体经济组织收取适量管理费用的权利。

不过，从法律的规定来看，集体经济组织应当向工商企业等社会资本收取适量管理费用，而不是通过克扣承包户的租金来收取管理费用，因此某村按照50元/亩的标准从土地租金中扣除1万元管理费用的行为是违法的。

知识链接

《中华人民共和国农村土地承包法》

第三十九条 土地经营权流转的价款，应当由当事人

笔记区

双方协商确定。流转的收益归承包方所有,任何组织和个人不得擅自截留、扣缴。

第四十五条第二款 工商企业等社会资本通过流转取得土地经营权的,本集体经济组织可以收取适量管理费用。

纠纷解决技巧

从法律的规定来看,在土地经营权流转的过程中,土地经营权的流转价款和集体经济组织收取适量管理费用是两件事情。其一,土地经营权的流转价款应当全部支付给承包方。村委会作为发包方擅自截留、扣缴土地经营权流转收益是违法的,得不到法律的支持。其二,集体经济组织可以收取适量管理费用,但是这笔费用应当由土地经营权人来支付,而不能从承包户的土地经营权流转收益中扣除。

试题

土地承包权人采取出租(转包)、入股或者其他方式向他人流转土地经营权,该土地经营权的流转收益归(　　)①所有。

A. 发包方　　B. 承包方　　C. 村委会　　D. 乡政府

---

① 答案:B。

笔记区

16."三权分置"后的土地经营权能否再次流转?

案例

2019年4月20日,陈某与艾某签订了《土地经营权流转合同书》,合同约定艾某将12亩承包地的10年土地经营权流转给陈某,艾某所在村委会也在合同中签字盖章。2021年3月11日,陈某与马某签订《土地经营权流转合同》,合同约定陈某将土地经营权转让给马某,期限为9年,但是签署该合同没有通知艾某。2021年3月23日,艾某以陈某向第三方马某转包土地没有经其同意为由,要求解除与陈某签署的《土地经营权流转合同书》,陈某不同意,后各方发生争议,诉至法院。

法律分析

承包地经营权流转,是指在承包方与发包方承包关系保持不变的前提下,承包方依法在一定期限内将土地经营权部分或者全部交由他人自主开展农业生产经营的行为。根据《中华人民共和国农村土地承包法》的规定,受让方可以依法投资改良土壤,建设农业生产附属、配套设施,并按照合同约定对其投资部分获得合理补偿,但是必须获得承

笔记区

包方的同意。同时,承包地经营权的受让方有权将自己的土地经营权流转给其他人,但是前提是获得“承包方书面同意,并向本集体经济组织备案”。在该案中,陈某取得土地经营权后,可以将土地经营权再次流转给马某,但需经过艾某的书面同意并向艾某所在的村委会备案,否则陈某所进行的二次流转将会因违反法律规定而被撤销。

从法律的规定来看,土地经营权的再次流转需要符合以下两个方面的条件:其一,需经土地承包方书面同意。如果不经过承包方的书面同意,事实上这种流转将会脱离承包方的控制,承包方作为仍享有土地承包权的主体,对土地的实际利用状况、是否会对土地造成损害等都不知晓,最终有可能对其利益造成损害。其二,需向集体经济组织进行备案。这主要是考虑,集体经济组织其作为承包土地的发包方,需要从整体上对其发包范围内的土地状况有所了解掌握。另外,为了保障土地经营权有序流转,并支持土地经营权人进行融资,《中华人民共和国农村土地承包法》规定,土地经营权受让方可以以该项权利作为向金融机构融资的担保物,但是也需要符合经承包方书面同意并向发包方备案这一要件。

知识链接

《中华人民共和国农村土地承包法》

第四十六条 经承包方书面同意,并向本集体经济组织

笔记区

织备案,受让方可以再流转土地经营权。

第四十七条 承包方可以用承包地的土地经营权向金融机构融资担保,并向发包方备案。受让方通过流转取得的土地经营权,经承包方书面同意并向发包方备案,可以向金融机构融资担保。

纠纷解决技巧

随着农村人口的老龄化以及农业生产的进一步现代化,承包地经营权的流转和再次流转在实践中会越来越普遍,相关的法律纠纷也会随之增多。在签订土地经营权流转合同时,“法律明白人”应当引导广大村民以及土地经营权人,查阅法律的相关规定,依法开展流转活动,防止因为不了解法律的规定而引发纠纷。

试题

“三权分置”后的土地经营权,满足(　　)[①]条件,受让方可以再流转土地经营权。

A. 经村委会书面同意

B. 向县土地管理部门备案

C. 经承包方书面同意

D. 向本集体经济组织备案

① 答案:CD。

笔记区

▶ 17. 土地经营权人经营行为导致土地严重损害如何处理?

案例

2018 年 12 月 30 日,某养殖公司与石某等五个承包经营户签订了《农村土地经营权流转合同》。合同约定:(1)石某等将其承包经营的 24.26 亩土地流转给养殖公司进行农业生产,流转期限 14 年,流转费为每亩每年 600 元,每年 12 月 31 日前一次性付清;(2)养殖公司应当维护土地的农业生产经营用途,依法保护和合理利用土地,确保土壤肥力不断提高,不得对流转的土地进行掠夺式经营和粗放管理或者抛荒撂荒。不过,从 2020 年开始,因养殖行业市场行情不稳,养殖公司准备将相关土地改造用于石料场开采和建设,石某等承包经营户不同意,认为石料场建设将给土壤层造成永久性损害,要求解除合同,遂起争端。

法律分析

权利和义务是对立统一的,土地经营权人取得土地经营权,同时负有相应的义务。从法律的规定来看,土地经营权人的义务包括不得擅自改变土地的农业用途、不得弃耕抛荒、不得给土地造成严重损害或者严重破坏土地生态

笔记区

环境等方面。《中华人民共和国农村土地承包法》第64条规定，如果土地经营权人违反了上述义务，承包方具有单方解除合同的权利。如果承包方怠于履行权利，发包方则有权要求终止土地经营权流转合同。在本案中，养殖行业市场不景气时，养殖公司还可以开展其他农业生产经营活动，但不能将土地用于石料场开采和建设，因为这确实会给土地造成严重损害，甚至会严重破坏当地的生态环境，因此，石某等承包经营户有权依法解除合同。如果石某等承包经营户未在合理期限内解除土地经营权流转合同，当地的村集体经济组织或村委会也可以要求终止土地经营权流转合同。当然，"合理期限"需要结合具体情况来判断。土地经营权流转合同被解除或者终止，土地经营权人应当承担违约责任或者侵权责任。《中华人民共和国农村土地承包法》第64条规定，土地经营权人对土地和土地生态环境造成的损害应当予以赔偿。承包方或者发包方都可以要求土地经营权人赔偿损失。

知识链接

《中华人民共和国农村土地承包法》第六十四条 土地经营权人擅自改变土地的农业用途、弃耕抛荒连续两年以上、给土地造成严重损害或者严重破坏土地生态环境，承包方在合理期限内不解除土地经营权流转合同的，发包方有权要求终止土地经营权流转合同。土地经营权人对土地和土地生态环境造成的损害应当予以赔偿。

笔记区

农业农村部《农村土地经营权流转管理办法》第二十条 承包方不得单方解除土地经营权流转合同,但受让方有下列情形之一的除外:

(一)擅自改变土地的农业用途;

(二)弃耕抛荒连续两年以上;

(三)给土地造成严重损害或者严重破坏土地生态环境;

(四)其他严重违约行为。

有以上情形,承包方在合理期限内不解除土地经营权流转合同的,发包方有权要求终止土地经营权流转合同。

受让方对土地和土地生态环境造成的损害应当依法予以赔偿。

纠纷解决技巧

农业生产经营具有长期性,具有前期投入较大、收效期长、经营风险大等特点。受让土地经营权后,土地经营权人前期需要投入大量资金进行土地整理、培养地力,改造升级农业生产基础设施,经过多年努力之后才能收回成本。为了更好地保护土地经营权人的合法权益,我国法律规定,承包方原则上不得单方解除土地经营权流转合同。

笔记区

不过，对于土地经营权人可能给土地造成严重损害或者严重破坏土地生态环境的，以及擅自改变土地的农业用途的，承包方享有单方解除权，发包方也有权要求终止土地经营权流转合同。对受让方对土地和土地生态环境造成的损害，承包方和发包方都可以依法追偿。如果实践中遇到了相关纠纷，“法律明白人”应当引导村民和村干部研究土地经营权人的行为是否构成了解除土地经营权流转合同的法定情形。只有符合法定情形，承包方单方解除土地经营权流转合同的行为才是合法的。

试题

土地经营权人擅自改变土地的农业用途、弃耕抛荒连续（　　）①以上、给土地造成严重损害或者严重破坏土地生态环境，承包方在合理期限内不解除土地经营权流转合同的，发包方有权要求终止土地经营权流转合同。

A. 1 年　　B. 2 年

C. 3 年　　D. 4 年

① 答案：B。

笔记区

▶ 18. 土地经营权登记的意义是什么?

案例

2019年5月,王某将自己的5亩承包地流转给李某,流转合同约定期间为10年,李某并未申请土地经营权登记。事后,王某又与某农业公司签订土地经营权流转合同,农业公司对王某与李某之前签订的土地经营权流转合同并不知情,该公司向当地农业部门申请了土地经营权登记。在土地使用过程中,农业公司与李某发生了纠纷。李某认为,他与王某签订流转合同在先,其对涉案5亩土地拥有使用权。农业公司则认为其土地经营权已经登记,而李某的土地经营权则没有登记,所以涉案土地经营权属于该公司。李某不同意这一结论,遂诉至法院。法院审理之后认为,涉案5亩土地的经营权属于农业公司,李某则可以针对王某提起违约赔偿之诉,追究王某的违约责任并要求其赔偿。

法律分析

在"三权分置"改革实践中,不同类型的土地经营权人对土地经营权的需求存在差异:从事经济作物、大棚蔬菜种植的经营者,开展观光农业、休闲农业的经营者等,由于

笔记区

前期基础投入较大，获得收益的期限较长，因此希望能获得长期稳定的土地经营权；由于水稻等粮食农作物都是一年一收，且粮食价格波动较大，从事粮食种植的经营者觉得获得短期土地经营权是可以的，不需要进行登记。为此，是否进行土地经营权登记，法律赋予了当事人选择权：当事人希望获得长期稳定保障的，可以就土地经营权申请登记，登记后即可对抗善意第三人；当事人不希望获得长期的土地经营权的，双方根据合同约定行使权利义务即可。《农村土地承包法》第41条的规定，主要是为希望长期稳定获得土地经营权的个人或组织提供登记通道。在具体的工作中，土地经营权与土地承包经营权的登记机构是同一机构，这样既可以节约登记的行政成本，也便于登记机构核实登记信息的准确性、真实性，同时便于当事人申请、查询。土地经营权登记后，可以对抗善意第三人。所谓"善意第三人"，就是不知道也不应当知道承包地上设有土地经营权的第三人。该案中，李某虽然与王某签约在先，但因为没有办理登记，所以不能对抗已办理土地经营权登记的农业公司。但是，王某可以基于合同的约定，要求王某承担违约损害赔偿责任。

知识链接

笔记区

《中华人民共和国农村土地承包法》第四十一条 土地经营权流转期限为五年以上的,当事人可以向登记机构申请土地经营权登记。未经登记,不得对抗善意第三人。

纠纷解决技巧

在农村,人们往往是通过纸质合同甚至是口头约定来进行土地权利交易的,还没有形成办理产权登记的习惯。但是,口头约定乃至纸质合同稳定性和安全性都不强,因此国家的法律建立了“不动产登记制度”,并赋予被登记的权利具有优先法律效力。在具体的工作中,对准备长期进行土地经营权流转的当事人来说,“法律明白人”应当引导其积极办理土地经营权登记,避免日后发生纠纷。

试题

土地经营权流转期限为(　　)[①]年以上的,当事人可以向登记机构申请土地经营权登记。

A. 3　　B. 4

C. 5　　D. 6

---

① 答案:C。

笔记区

19. 因土地承包经营发生纠纷的,如何解决?

案例

2004年,因朱某等5户村民进城打工,导致10.5亩承包地撂荒,某村将这些土地另行发包给王某,期限5年,由王某承担相应田亩的税费。合同到期后,2008年1月1日村委会与王某续签《土地承包合同书》一份,期限为20年。2006年国家取消农业税后,朱某等5户农户要求村委会和王某返还承包地。后经当地农村土地承包仲裁委员会仲裁,王某从2010年起每年向村委会缴纳2000元土地租金,村委会按每年每亩100元的标准补贴农户。自此,其他各方诉求得到了基本的平衡。

法律分析

《中华人民共和国农村土地承包法》第10条明确规定"国家保护承包方依法、自愿、有偿流转土地经营权,保护土地经营权人的合法权益,任何组织和个人不得侵犯"。土地承包经营发生的纠纷往往涉及多方主体,既有发包方与承包方之间的纠纷,也有不同承包方之同的纠纷,还有第三方参与土地承包经营发生的纠纷。

关于土地承包经营纠纷的解决,首先,当事人双方应

笔记区

该本着真诚友好、互谅互让的态度自行和解，和解不成的，可以请求村民委员会、乡（镇）人民政府等调解。村民委员会、乡（镇）人民政府应当根据事实，依据法律，本着公开、公平、公正，便民高效的原则加强农村土地承包经营纠纷的调解工作，帮助当事人达成调解协议解决纠纷。其次，当事人和解、调解不成或者不愿和解、调解的，可以向农村土地承包仲裁委员会申请仲裁。县级以上人民政府应当加强对农村土地承包经营纠纷调解和仲裁工作的指导，县级以上人民政府农村土地承包管理部门及其他有关部门应当依照职责分工，支持有关调解组织和农村土地承包仲裁委员会依法开展工作。最后，对于符合法律规定的土地承包民事纠纷，包括承包合同纠纷、承包经营权侵权纠纷、土地经营权侵权纠纷、承包经营权互换及转让纠纷、土地经营权流转纠纷、承包地征收补偿费用分配纠纷、承包经营权继承纠纷、土地经营权继承纠纷，可以告知当事人有权向法院提起诉讼。

知识链接

《中华人民共和国农村土地承包法》第五十五条 因土地承包经营发生纠纷的，双方当事人可以通过协商解决，也可以请求村民委员会、乡（镇）人民政府等调解解决。

当事人不愿协商、调解或者协商、调解不成的，可以向

笔记区

农村土地承包仲裁机构申请仲裁，也可以直接向人民法院起诉。

《中华人民共和国农村土地承包经营纠纷调解仲裁法》

第三条 发生农村土地承包经营纠纷的，当事人可以自行和解，也可以请求村民委员会、乡（镇）人民政府等调解。

第四条 当事人和解、调解不成或者不愿和解、调解的，可以向农村土地承包仲裁委员会申请仲裁，也可以直接向人民法院起诉。

纠纷解决技巧

土地承包经营纠纷往往涉及发包人、承包人、第三人等多方利益主体。对当事人之间的纠纷，"法律明白人"可以通过实地勘察、询问诉求、调取第二轮承包分户清册及《土地承包合同书》等方式，在了解基本的案情之后，优先选择协商、调解方式解决相关矛盾。对于协调未果的，可以向农户建议通过仲裁或诉讼方式解决争议。仲裁的优点在于其高效、便捷。一旦双方当事人选择了仲裁，那就排除了司法管辖，当事人不得就该纠纷再向人民法院提起诉讼。

试题

笔记区

因土地承包经营发生纠纷的，当事人不愿协商、调解或者协商、调解不成的，(　　)[①]。

A. 只能申请仲裁

B. 只能向法院起诉

C. 必须先经过仲裁，才可以向法院起诉

D. 既可以申请仲裁，也可以向法院起诉

---

① 答案：D。

笔记区

▶ 20. 农用地转为建设用地的审批程序是什么？

案例

某区人民政府2019年5月先后发布5则“土地收储公告”，称将在1个月内“收储”包含5个村庄的耕地、未利用地共计9000余亩，目的是建设植物园、中小企业园等项目。为此，区人民政府与农民草拟了土地流转协议书，流转期限20年，每亩1290元，一次性支付。部分村民质疑土地“收储”的合法性，认为区人民政府的行为没有经过国务院或省级人民政府的批准。区人民政府则认为，“土地收储”不是土地征收，不需要经过国务院或省级人民政府的批准。那么，区人民政府的“土地收储”行为是否要经过国务院或省级人民政府的批准呢？如果不经过批准，可否进行非农建设呢？当地的农民感到十分困惑，所以到市自然资源主管部门进行咨询。

法律分析

根据不同的土地用途，“土地流转”可以分为不同的类型，且不同的类型需要遵守不同的法律程序：(1)如果是进行农业用地的流转（如承包地经营权的转让），那么是不需要经过省政府或国务院批准的，但是此种流转后的土地依

笔记区

然只能用于农业生产,不能用于工商业建设。(2)如果土地权利人或政府希望将农业用地流转用于非农建设,那么就需要依法办理农用地转用审批手续将农业地转为建设用地。而不能用“土地收储”“土地预征收”“土地租赁”等名义直接与农民签订土地流转协议书。农用地转用审批程序由《中华人民共和国土地管理法实施条例》第24条规定。如果农用地转为建设用地之后需要进行土地征收的,还应当依法办理征收土地手续。

知识链接

《中华人民共和国土地管理法实施条例》第二十四条 建设项目确需占用国土空间规划确定的城市和村庄、集镇建设用地范围外的农用地,涉及占用永久基本农田的,由国务院批准;不涉及占用永久基本农田的,由国务院或者国务院授权的省、自治区、直辖市人民政府批准。具体按照下列规定办理:

(一)建设项目批准、核准前或者备案前后,由自然资源主管部门对建设项目用地事项进行审查,提出建设项目用地预审意见。建设项目需要申请核发选址意见书的,应当合并办理建设项目用地预审与选址意见书,核发建设项目用地预审与选址意见书。

(二)建设单位持建设项目的批准、核准或者备案文

笔记区

件，向市、县人民政府提出建设用地申请。市、县人民政府组织自然资源等部门拟订农用地转用方案，报有批准权的人民政府批准；依法应当由国务院批准的，由省、自治区、直辖市人民政府审核后上报。农用地转用方案应当重点对是否符合国土空间规划和土地利用年度计划以及补充耕地情况作出说明，涉及占用永久基本农田的，还应当对占用永久基本农田的必要性、合理性和计划可行性作出说明。

（三）农用地转用方案经批准后，由市、县人民政府组织实施。

纠纷解决技巧

无论是将农业用地用于建设住宅，还是将农业用地用于工商业建设、公益建设或公共设施建设，都需要依法办理农用地转用审批。我国于 1998 年就设立了“农用地转用审批”和“土地征收审批”两种不同的制度，这两种制度的功能是不同的：前者在于决定农业用地的用途是否可以转变为其他用途；后者则用来决定可以依法转变为其他用途的土地，是否需要由政府进行强制征收。根据国务院 2020 年作出的《关于授权和委托用地审批权的决定》，将永久性基本农田以外的农用地转为建设用地的，国务院授权各省级人民政府批准。在具体的工作中，如果遇到了土地流转,“法律明白人”应当引导干部和村民仔细区分其究竟属于何种类型的土地流转。然后根据具体的类型来分析该土地流转是否需要获得省级人民政府或国务院的批准。

笔记区

试题

下列选项中,有权批准农用地转为建设用地的是(　　)①。

A. 乡级政府　　B. 市、县人民政府

C. 省级政府　　D. 国务院

① 答案:CD。

笔记区

▶ 21.“一户一宅”规定具体指什么?

案例

1989年经当地国土所批准,谢某获得158.4平方米的宅基地使用权。1990年,谢某自建了一套建筑面积为158.47平方米的房屋。2007年,谢某认为现有的房屋面积较小,而且其子马上要结婚,因此准备在自家的自留地上另外修建一座占地面积200平方米的房屋。在房屋修建过程中,村委会不但要求谢某停工,而且要求其将已经建成的部分拆除,谢某认为在自家土地上修建房屋,村委会无权过问,由此引发纠纷。

法律分析

宅基地是农村村民用于建造住宅及其附属设施的集体建设用地,包括住房、附属用房和庭院等用地。农村村民每户只能在本集体经济组织申请拥有一处宅基地。这一规定主要是就新申请宅基地而言的,因房屋继承等合法原因形成的多处住宅原则上不作处理,农村村民可以通过出卖等方式进行处理,也可以维持现状,但房屋一般不得翻建,房屋损毁后宅基地应当退回村集体经济组织。

所谓“一户”,通常是由公安部门来认定,一般而言户口本所登记的家庭就是一户。不过,在城市化过程中,随着人口流动的日益频繁,户籍也不能被作为分配宅基地的唯一依据。在目前的实践中,户籍及经常居住地在集体经济组织内,符合法定结婚年龄、依法办理结婚登记手续的成年村民也可以通过申请分户来获得新的宅基地。所谓"一宅",是指一户村民最多只能无偿分配一处标准面积的宅基地。不过,"一处宅基地"不等于一宗地,宅基地是可以分开的,但各宗宅基地的总面积应当累计计算,且不得超过本省规定的标准面积。

需要注意的是,"一户一宅"制度本身是保障农村村民有稳定居住空间的一种手段,而不是目的。2019 年修正的《中华人民共和国土地管理法》在原来农村宅基地"一户一宅"制度基础上增加了"户有所居"的规定。当然,在无法保障"一户一宅"的地区,究竟通过何种方式保障农村村民的居住权,应当切实尊重农村村民意愿,在实施前要依照法定程序征求村民意见,听取村民诉求,要取得大多数村民的同意才能实施;在房屋的布局、设计等方面,要充分考虑农村生产生活的现实需求,既要方便农村村民生活,也要方便农村村民进行农业生产。

知识链接

《中华人民共和国土地管理法》第六十二条第一款、第二款 农村村民一户只能拥有一处宅基地,其宅基地的面积不得超过省、自治区、直辖市规定的标准。

人均土地少、不能保障一户拥有一处宅基地的地区,

笔记区

县级人民政府在充分尊重农村村民意愿的基础上，可以采取措施，按照省、自治区、直辖市规定的标准保障农村村民实现户有所居。

纠纷解决技巧

"一户一宅"领域涉及的问题比较多，而且政策性比较强，"法律明白人"在工作中应当着力把握以下几个方面：首先，农村一户村民只能拥有一处宅基地，这里的"一户"主要是一个家庭，这里的"一处"是指一户村民可以申请省级人民政府规定最大面积的宅基地，而不是指"一宗宅基地"；其次，由于耕地资源的紧张，因此对"家庭分户后申请宅基地"的行为，应该严格审查，将其限定在本集体内从事农业生产且生活困难的农户范围之内；最后，即使是利用自家承包地或自留地进行宅基地建设，农户也需要依法办理农用地转用审批和宅基地审批，否则便属于进行违法建设。

试题

"农村村民一户只能拥有一处宅基地"中的"一宅"是指（　　）①。

A. 一宗宅基地　　B. 一处宅基地

C. 一间房屋　　D. 一处有房屋的宅基地

---

① 答案：B。

笔记区

22. 宅基地面积如何进行确权登记?

案例

李某某系某村某组村民,1990 年从村集体处分得了一块面积为 156 平方米的宅基地。1992 年李某在该宅基地上建设了一座房屋。2006 年时,李某某又在自家宅基地的外围圈了一块地,修建了一处新的房屋。前后两次修建的宅基地面积为 180 平方米,超过了当地人民政府规定的宅基地面积标准。2017 年村委会在村内展开宅基地确权登记办证时核查发现,李某某已有宅基地面积不符合规定标准,对超出标准面积部分不予确权发证,由此引发纠纷。

法律分析

进入 21 世纪之后,宅基地使用权的确权登记工作不断推进,但因为不同历史阶段宅基地的面积规定存在差异,所以 2008 年国土资源部在《关于进一步加快宅基地使用权登记发证工作的通知》中指出,要严格执行宅基地面积标准。宅基地面积不得超过省(区、市)规定的标准。对宅基地超占面积的,在办理登记时按下列情况处理:(1)1982年《村镇建房用地管理条例》实施前,农村村民建房占用的宅基地,在《村镇建房用地管理条例》实施后至今未扩大用地面积

笔记区

的，可以按现有实际使用面积进行登记。(2)1982年《村镇建房用地管理条例》实施起至1987年《中华人民共和国土地管理法》实施时止，农村村民建房占用的宅基地，超过当地规定的面积标准的，超过部分按当时国家和地方有关规定处理后，可以按实际使用面积进行登记。(3)1987年《中华人民共和国土地管理法》实施后，农村村民建房占用的宅基地，超过当地规定的面积标准的，按照实际批准面积进行登记。其面积超过各地规定标准的，可在土地登记簿和土地权利证书记事栏内注明超过标准的面积，待以后分户建房或现有房屋拆迁、改建、翻建、政府依法实施规划重新建设时，按有关规定作出处理，并按照各地规定的面积标准重新进行登记。

知识链接

《中华人民共和国土地管理法》

第六十二条第一款、第三款和第七款 农村村民一户只能拥有一处宅基地，其宅基地的面积不得超过省、自治区、直辖市规定的标准。

农村村民建住宅，应当符合乡(镇)土地利用总体规划、村庄规划，不得占用永久基本农田，并尽量使用原有的宅基地和村内空闲地。编制乡(镇)土地利用总体规划、村庄规划应当统筹并合理安排宅基地用地，改善农村村民居住环境和条件。

国务院农业农村主管部门负责全国农村宅基地改革

笔记区

和管理有关工作。

第六十五条 在土地利用总体规划制定前已建的不符合土地利用总体规划确定的用途的建筑物、构筑物,不得重建、扩建。

纠纷解决技巧

由于我国地域辽阔,自然条件差异很大,对宅基地面积无法制定全国统一的标准,所以《中华人民共和国土地管理法》规定,由各省、自治区、直辖市对本省宅基地面积作出规定。需要注意的是,所谓"宅基地的面积不得超过省、自治区、直辖市规定的标准"不是单指房屋建筑面积,而是指房屋建筑面积和院子的合计面积。在具体的工作中,村或村民小组内部应当建立和完善宅基地"两图一表"制度,即按照宅基地现状图、宅基地审批控制图和宅基地安排计划表,在村民公开监督下,公示宅基地申请和审批结果,公平分配宅基地,确保宅基地面积不超过本省规定的最高标准。

试题

农村村民一户只能拥有一处宅基地,其宅基地的面积不得超(　　)①规定的标准?

A. 县级土地管理部门　　B. 村民委员会

C. 县级人民政府　　D. 省、自治区、直辖市

---

① 答案:D。

笔记区

23. 哪些人在哪些情况下可以申请宅基地?

案例

张某2003年从A村里分得一块宅基地用于建房。2005年王某嫁给张某,其户籍也迁入A村。2011年,张某与王某婚姻关系破裂协议离婚,但户口都没有迁移。后来,张某与邻村的李某结婚,因原来的宅基地上房屋由前妻王某和儿子共同居住,张某就打算在自家承包地上重新盖一栋房子。村委会知道后及时制止了张某的行为,告诉他未经批准建房是违法的。考虑张某离婚后又再婚确实需要一处新的宅基地,村委会协助张某将户口从原来的宅基地迁出,与其再婚的妻子共同组成一户在本村申请了新的宅基地。

法律分析

根据《中华人民共和国土地管理法》第9条第2款的规定,宅基地和自留地、自留山属于农民集体所有。只有具备本集体经济组织成员身份,才有资格申请本集体经济组织的宅基地。

通常来看,申请宅基地可以批准的情形主要包括:(1)符合法定结婚年龄的本村村民,因结婚等原因确需分户建设新房(包括男方到女方落户的);(2)因发生或者防御自然灾害、实施村庄和集镇规划以及进行乡(镇)村公共

笔记区

设施和公益事业建设或因国家建设征用土地等原因需要搬迁的;(3)外来人口因婚嫁等原因依法落户本村,成为本集体经济组织成员,没有宅基地的;(4)符合法律规定的其他情形。申请宅基地依法不予批准的情形包括:(1)原有宅基地的面积已经达到规定标准的;(2)本村村民将原宅基地及其地上建筑物出卖、出租、赠与或改为经营场所的;(3)其他不符合法律法规和有关规定的。

知识链接

《中华人民共和国土地管理法》

第十条 国有土地和农民集体所有的土地,可以依法确定给单位或者个人使用。使用土地的单位和个人,有保护、管理和合理利用土地的义务。

第十一条 农民集体所有的土地依法属于村农民集体所有的,由村集体经济组织或者村民委员会经营、管理;已经分别属于村内两个以上农村集体经济组织的农民集体所有的,由村内各该农村集体经济组织或者村民小组经营、管理;已经属于乡(镇)农民集体所有的,由乡(镇)农村集体经济组织经营、管理。

纠纷解决技巧

在审查村民提交的宅基地申请时,应注意以下方面:(1)审查村民的集体经济组织成员身份。邻村的村民不得

笔记区

申请本村的宅基地;城镇居民不得在农村申请宅基地。(2)审查村民申请新的宅基地的事由的正当性、合理性。因结婚等原因确需分户建设新房申请新的宅基地(包括女方加入男方村内、男方入赘女方村内);因发生或者防御自然灾害、实施村庄和集镇规划以及进行乡(镇)村公共设施和公益事业建设或因国家建设征用土地等原因需要搬迁的。对不符合宅基地申请规定的,村两委以及乡镇人民政府应当做好政策宣传和法律解释工作,说明不予申请的原因以及违法修建宅基地须承担的后果,妥善处理村民的住房问题。对符合农村村民住宅用地申请规定的,村委会在实质审查村民身份以及申请事由后,协助村民办理宅基地审批手续,提交乡(镇)人民政府审核批准。

试题

满足(　　)[①]情形的,本集体经济组织的村民可以在村内申请宅基地。

A. 婚后在村内居住依法申请分户

B. 农民将宅基地转让给同村村民

C. 农民将宅基地出租给同村村民

D. 宅基地因乡村规划被依法征收

① 答案:AD。

笔记区

24. 法律是如何规定宅基地申请和审批流程的?

案例

李某一家的宅基地是1988年申请的。近年来,因为两个儿子相继长大成人,并接连娶妻生子。李某的大儿子李甲见原本的住宅已经无法满足一家数口人的居住需求,向村委会申请单独立户,并申请新的宅基地。但其并不清楚具体的申请流程,所以到村委会进行咨询。

法律分析

2019年修正的《中华人民共和国土地管理法》第62条第7款规定,“国务院农业农村主管部门负责全国农村宅基地改革和管理有关工作”。此后,有关宅基地的管理工作从原国土资源管理部门转变为农业农村部门。

经批准用地建房的农户,应当在开工前向乡(镇)人民政府或授权的牵头部门申请划定宅基地用地范围,乡(镇)人民政府及时组织农业农村、自然资源等部门到现场进行开工查验,实地丈量批放宅基地,确定建房位置。农户建房完工后,乡(镇)人民政府组织相关部门进行验收,实地检查农户是否按照批准面积、四至等要求使用宅基地,是

笔记区

否按照批准面积和规划要求建设住房，并出具《农村宅基地和建房（规划许可）验收意见表》。通过验收的农户，可以向不动产登记部门申请办理不动产登记。

知识链接

《中华人民共和国土地管理法》第六十二条第四款 农村村民住宅用地，由乡（镇）人民政府审核批准；其中，涉及占用农用地的，依照本法第四十四条的规定办理审批手续。

《中华人民共和国土地管理法实施条例》第三十四条 农村村民申请宅基地的，应当以户为单位向农村集体经济组织提出申请；没有设立农村集体经济组织的，应当向所在的村民小组或者村民委员会提出申请。宅基地申请依法经农村村民集体讨论通过并在本集体范围内公示后，报乡（镇）人民政府审核批准。

涉及占用农用地的，应当依法办理农用地转用审批手续。

纠纷解决技巧

各地应根据实际情况对农村建房的对象、条件、用地标准、审批手续作出详细规定，建立严格的申请、审核、批准和验收制度。关于宅基地如何申请、报批、登记发证工作的开展：第一，具备宅基地申请条件的农村村民，在土地利用总体规划确定的村庄、集镇建设用地规模范围内，以户为单位向本集体经济组织提出申请;没有设立农村集体经济组织的,应当向所在的村民小组或者村民委员会提出申请。第二,经村民会议或村民代表会议讨论通过后,依法经农村村民集体讨论通过并将申请宅基地的申请人名单、用地位置、面积和四至等结果在本集体范围内公示,报乡(镇)人民政府审核批准。第三,村民住宅建成后,要到实地检查是否按照批准的面积和要求使用土地,符合规定的方可申请确权登记发证。

笔记区

试题

农村村民申请宅基地的,被申请的主体不包括(　　)[①]?

A. 农村集体经济组织　B. 村民小组

C. 村民委员会　D. 县级人民政府

① 答案:D。

笔记区

25. 宅基地能否同村互换?

案例

同村林甲、林乙两户人家经审批各获得一块宅基地。后林甲向林乙提出更换宅基地基建的要求,林乙表示同意。林甲于2006年自筹资金在林乙的宅基地上建造了一栋四层楼高的房屋。2017年因公路建设需要,政府决定拆迁林甲建造的四层楼高房屋。林乙则认为,该房屋下的宅基地产权人是自己,林甲应当把部分拆迁款补偿给自己,但林甲认为双方宅基地已经互换,不同意。

法律分析

宅基地属于农民集体所有,农村村民住宅用地由乡(镇)人民政府审核批准,一户只能拥有一处宅基地。同村村民之间可以在自由自愿的基础上,进行宅基地互换,但是应当履行相应的不动产产权登记变更手续。2019年国务院修订通过的《不动产登记暂行条例》规定,宅基地使用权依照该条例的规定办理登记。这里的"登记"既包括初始登记,也包括变更登记。其中涉及互换宅基地的,应当由当事人双方共同申请。案例中的林甲与林乙互换宅基地,并没有依法办理宅基地使用权变更登记手续。如果这个案件中林甲与林乙的互换行为发生在2007年10月1日之后,涉案宅基地的使用权人应当依然是林乙。不过,因为本案中的宅基地互换行为发生在2007年10月1日之前,所以不能适用2007年《中华人民共和国物权法》的规定。为此,某镇人民调解委员会适用调解程序解决双方的房屋宅基地纠纷,促成了双方签订《宅基地互换协议书》。

知识链接

《中华人民共和国土地管理法》第六十二条第一款和第五款　农村村民一户只能拥有一处宅基地,其宅基地的面积不得超过省、自治区、直辖市规定的标准。

农村村民出卖、出租、赠与住宅后,再申请宅基地的,不予批准。

《中华人民共和国民法典》

第二百零九条　不动产物权的设立、变更、转让和消灭,经依法登记,发生效力;未经登记,不发生效力,但是法律另有规定的除外。

依法属于国家所有的自然资源,所有权可以不登记。

第二百一十四条　不动产物权的设立、变更、转让和消灭,依照法律规定应当登记的,自记载于不动产登记簿时发生效力。

第三百六十五条　已经登记的宅基地使用权转让或

笔记区

者消灭的，应当及时办理变更登记或者注销登记。

纠纷解决技巧

在具体的工作中，“法律明白人”应当引导当事人及时签订《宅基地互换协议书》，并及时办理宅基地使用权变更登记，从而使相关互换行为得到法律的认可，防止在征地拆迁过程中产生法律纠纷。对已经发生的法律纠纷，可以依据2007年10月1日《中华人民共和国物权法》生效这个时间节点进行调解处理：对宅基地互换行为发生在2017年10月1日之后的，原则上以宅基地使用权登记证上的权利人记载为准；对互换行为发生在2017年10月1日之前的，应当结合双方当事人的换地事实、换地协议是否实际履行以及当地的风俗习惯进行调解。本着“以和为贵、团结友爱”的原则，提出合理的纠纷解决建议。

试题

2007年10月1日之后，宅基地使用权互换后，产权在(　　)①生效？

A. 互换协议达成时　　B. 建造房屋时

C. 实际占有居住时　　D. 办理不动产变更登记时

---

① 答案：D。

笔记区

26. 宅基地上的房屋能否出卖、出租和赠与?

案例

某村李某在村内有一处宅基地并自建3间房屋。2008年之后,李某常年到外地务工,所以将房子租给同村的王某,并约定租期为10年。2015年时,李某打算回到村里发展规模农业,但因其住宅租给王某且尚在租赁期限内,没有其他住宅可供居住,所以李某打算向村里再申请一块宅基地,但没有获得村里的同意。

法律分析

为了有效利用土地和房屋资源,中共中央、国务院2019年发布的《关于建立健全城乡融合发展体制机制和政策体系的意见》提出,要鼓励农村集体经济组织及其成员盘活利用闲置宅基地和闲置房屋。

《中华人民共和国土地管理法》中"一户一宅"规定的含义是,农村村民可以出卖、出租、赠与住宅,但是实施了上述行为之后,不能再向集体申请宅基地。不过,从目前的情况来看,宅基地的改革需要稳慎推进,因此宅基地出租、赠与与出卖的对象范围并不完全相同。《中华人民共和国土地管理法释义》一书指出,农村村民出租、赠与住宅的对象并不

笔记区

受集体经济组织成员身份的限制。如果要出售住宅，则只能在集体经济组织内部进行，而且必须符合以下三个条件：一是转让人与受让人必须是同一集体经济组织内部的成员；二是受让人没有住房和宅基地，且符合宅基地申请分配的条件；三是转让行为需征得本集体经济组织的同意。

农村村民在出租房屋时，应当对自身的生活作出合理的规划，另外应当根据法律的规定签署相应的租赁合同。从《中华人民共和国民法典》的规定来看，房屋租赁期限不得超过20年。超过20年的，超过部分无效。租赁期限6个月以上的，应当采用书面形式。当事人未采用书面形式，无法确定租赁期限的，视为不定期租赁。出租人应当履行租赁物的维修义务，但是当事人可以通过租赁合同另行约定。经出租人同意，承租人可以对租赁房屋进行改善或者增设他物。如果未经出租人同意，对租赁物进行改善或者增设他物的，出租人可以请求承租人恢复原状或者赔偿损失。经出租人同意，承租人可以将租赁房屋转租给第三人。承租人未经出租人同意转租的，出租人可以解除合同；出租人知道或者应当知道承租人转租，但是在6个月内未提出异议的，视为出租人同意转租。

知识链接

《中华人民共和国民法典》

第七百零四条 租赁合同的内容一般包括租赁物的

名称、数量、用途、租赁期限、租金及其支付期限和方式、租赁物维修等条款。

笔记区

第七百零五条 租赁期限不得超过二十年。超过二十年的,超过部分无效。

租赁期限届满,当事人可以续订租赁合同;但是,约定的租赁期限自续订之日起不得超过二十年。

纠纷解决技巧

"法律明白人"应当积极宣传《中华人民共和国土地管理法》和《中华人民共和国民法典》相关规定,引导村民合理处分自己的房产和宅基地使用权。同时,应当特别提醒村民,相关房屋出租、赠与或出售等行为,应当符合法律规定的条件,签订书面合同,并及时办理产权变更登记。另外,同一农村集体经济组织成员之间买卖宅基地上房屋的,应视为宅基地使用权一并买卖。

试题

在符合法律规定的前提下,农村村民可以采取哪些方式处分宅基地上的住宅?( )①

A. 出卖　　B. 出租　　C. 赠与　　D. 互换

① 答案:ABCD。

笔记区

▶ 27. 村民能否与集体以外的人合作建房?

案例

李某2008年1月与外来居民曾某签订合作建房协议,由曾某出资在李某的宅基地上建造了一幢三层楼房,其中一层至二层由李某居住,第三层由曾某居住。2020年,县政府部门对李某与曾某合建的楼房进行征收,因宅基地使用权登记在李某名下,遂与李某签订宅基地拆迁补偿协议,曾某认为这幢楼房是自己与李某合建的,自己也应该有一半产权。李某则认为,法律不允许集体成员与集体以外的其他成员合作建房,所以其与曾某签订的合作建房协议是违法的,应属无效。为此,李某提出,其愿意归还曾某建房时投资的100万元,但是不同意曾某的其他请求。曾某不同意该方案,遂到人民法院起诉李某。

法律分析

根据《中华人民共和国土地管理法》第9条第2款的规定,宅基地属于农民集体所有。宅基地使用权按照"一户一宅"的原则分配给本集体成员使用。但是在实践中,农村村民分配到宅基地之后可能会出现无力新建、改建或翻修房屋的情况,因此农村村民与集体以外的人合作建房

笔记区

现象也越来越多。

在房屋共建过程中,通常只有本集体经济组织成员一方能取得宅基地使用权证和房屋产权证,另一方对房屋的权利则处于不确定状态。从我国法律的规定来看,集体以外的人不能成为本集体宅基地的使用权人,但是相关法律、行政法规并未禁止非本集体经济组织成员取得宅基地上房屋的部分所有权。因此,此类房屋共建合同应被认定为合法有效,集体以外的人如果有合作建房的合同可以证明其产权人的身份,那么在法律实践中其可以取得共建房屋分得份额的所有权或对等的房屋补偿价款。需要注意的是,在农村不动产征收过程中,共建房的共有产权人只能基于对房屋的共有份额获得补偿,土地补偿费、安置补助费等补偿费用属于集体经济组织成员,与其无关。

知识链接

《中华人民共和国民法典》

第一百五十三条第一款 违反法律、行政法规的强制性规定的民事法律行为无效。但是,该强制性规定不导致该民事法律行为无效的除外。

第二百零九条第一款 不动产物权的设立、变更、转让和消灭,经依法登记,发生效力;未经登记,不发生效力,但是法律另有规定的除外。

笔记区

《中华人民共和国土地管理法》第四十八条第四款 征收农用地以外的其他土地、地上附着物和青苗等的补偿标准，由省、自治区、直辖市制定。对其中的农村村民住宅，应当按照先补偿后搬迁、居住条件有改善的原则，尊重农村村民意愿，采取重新安排宅基地建房、提供安置房或者货币补偿等方式给予公平、合理的补偿，并对因征收造成的搬迁、临时安置等费用予以补偿，保障农村村民居住的权利和合法的住房财产权益。

纠纷解决技巧

对村民与村集体以外的成员合建住宅的纠纷解决，“法律明白人”应当向双方当事人讲解《中华人民共和国民法典》《中华人民共和国土地管理法》《不动产登记暂行条例》等法律法规的相关规定，明确告知农村宅基地依法属于本集体经济组织所有，只有本集体经济组织的成员才有权分得宅基地，外村人不符合本集体经济组织成员的身份，依法不能成为本集体宅基地的使用权人。同时，房屋和土地虽然在物理空间上是紧密联系在一起的，但是在法律关系上，它们的权属可以分开。如果有明确的证据(如房屋共建协议)，集体经济组织以外的人可以被视为共建房屋的共有产权人。由于我国现有法律在此领域的规定不是特别明确，因此在具体的工作中，“法律明白人”应当及时提醒共建房屋的当事人注意该领域可能存在的法律风险。

笔记区

试题

下列(　　)[1]情况,不动产登记机构不予进行产权登记?

A. 违反法律、行政法规规定的

B. 存在尚未解决的权属争议的

C. 申请登记的不动产权利超过规定期限的

D. 宅基地

① 答案:ABC。

笔记区

28. 宅基地可否单独转让给集体以外的人?

案例

2003 年 4 月,张某将其位于某村的一处宅基地(土地性质为集体所有制土地),以 56,900 元的价格转让给外村村民邹某,协议载明款项当面付清,张某的同村村民周某作为证明人在协议书上签字。之后该处宅基地一直闲置,邹某未在上面建设房屋。2013 年,因未能办理房屋建设手续,村委会将该宅基地收回,并向张某补偿安置房一处。邹某认为其已受让了宅基地,因此安置房应归其所有。但因与张某就安置房的归属问题协商不成,邹某到法院起诉,要求张某返还购买宅基地的款项 56,900 元,并赔偿其因此所遭受的损失。

法律分析

根据《中华人民共和国土地管理法》和国家有关规定,宅基地属于农民集体所有。宅基地的使用权虽然是一项用益物权性质的财产权,但不能单独转让给集体之外的人。一旦违反上述规定并出现纠纷,法院通常会判决宅基地单独转让合同无效。不过,在合同无效的情形下,当事人仍应负如下几种民事责任:(1)返还财产。返还财产,是

笔记区

指合同当事人在合同被确认无效或者被撤销以后,对已交付给对方的财产享有返还请求权,而已接受该财产的当事人则有返还财产的义务。返还财产,是指使财产关系恢复到合同订立前的状况。所以无论接受财产的一方是否具有过错,都应当负有返还财产的义务。(2)折价补偿。在“法律上的不能返还”和“事实上的不能返还”的情况下,财产是不能返还或者没有必要返还的,为了达到恢复原状的目的,就应当折价补偿对方当事人。(3)赔偿损失。在合同被确认无效或者被撤销后,一般都会产生损害赔偿的责任。在合同被确认无效或者被撤销后,凡是因合同的无效或者被撤销而给对方当事人造成的损失,主观上有故意或者过失的一方当事人应当赔偿对方的财产损失。

知识链接

《中华人民共和国民法典》

第一百五十三条 违反法律、行政法规的强制性规定的民事法律行为无效。但是,该强制性规定不导致该民事法律行为无效的除外。

违背公序良俗的民事法律行为无效。

第一百五十七条 民事法律行为无效、被撤销或者确定不发生效力后,行为人因该行为取得的财产,应当予以返还;不能返还或者没有必要返还的,应当折价补偿。有

笔记区

过错的一方应当赔偿对方由此所受到的损失;各方都有过错的,应当各自承担相应的责任。法律另有规定的,依照其规定。

《中华人民共和国土地管理法》第六十二条第一款和第五款 农村村民一户只能拥有一处宅基地,其宅基地的面积不得超过省、自治区、直辖市规定的标准。

农村村民出卖、出租、赠与住宅后,再申请宅基地的,不予批准。

纠纷解决技巧

宅基地使用权虽然与地上房屋所有权存在紧密的联系,但这是相互独立的两项权利。在目前的实际生活中,在很多地方农民获得宅基地之后并不建房而将其直接转让。需要说明的是,本案例针对的是地上无房宅基地的纠纷处理规则,案例 26 和案例 27 讲解的是宅基地上房屋纠纷的处理规则。三者不可混淆。另外,2019 年修正的《中华人民共和国土地管理法》第 62 条规定“国家允许进城落户的农村村民依法自愿有偿退出宅基地”。不过,该规定属于一种原则性或框架性的规定,具体如何实施(如进城落户的农村村民可以将宅基地有偿退出给哪些主体、如何退出等)还在探索中,具体的改革探索工作由农业农村部和各地农业农村管理部门承担,因此,“法律明白人”可以引导广大村民积极关注国家相关法律和政策的变化。

笔记区

试题

国家(　　)[①]进城落户的农村村民依法自愿有偿退出宅基地。

A. 允许　　B. 禁止

C. 鼓励　　D. 限制

---

① 答案:A。

笔记区

29. 宅基地及地上房屋可否继承?

案例

吉某原为某村集体经济组织的成员,18岁考上大学之后,一直在A市学习和工作,后其户口也由老家迁移到了A市。但是其父母一直在老家务农,2018年宅基地确权登记时,吉某的宅基地使用权被确权给吉某的父亲。2019年之后,吉某的父母先后离世,吉某处理完两位老人的后事后,要求县不动产登记中心将宅基地使用权以及地上房屋所有权变更登记到其名下。县不动产登记中心审查发现吉某的户籍在A市而不在某村,因此犯难。

法律分析

自然资源部在2020年9月9日对十三届全国人大三次会议第3226号建议的答复中指出:“农民的宅基地使用权可以依法由城镇户籍的子女继承并办理不动产登记。根据《继承法》规定,被继承人的房屋作为其遗产由继承人继承,按照房地一体原则,继承人继承取得房屋所有权和宅基地使用权,农村宅基地不能被单独继承。《不动产登记操作规范(试行)》明确规定,非本农村集体经济组织成员(含城镇居民),因继承房屋占用宅基地的,可按相关规

笔记区

定办理确权登记，在不动产登记簿及证书附记栏注记‘该权利人为本农民集体经济组织原成员住宅的合法继承人’。”根据上述答复，如果农村宅基地上没有房屋，那么无论子女是否为本集体户籍，都不能继承该宅基地，该宅基地应由集体收回。如果宅基地上有房屋，根据“房地一体”原则，即使子女已经是城镇户籍，该宅基地的使用权也会随着地上房屋由子女一并继承，并依法办理不动产变更登记。如果涉及多个家庭成员继承时，继承的顺序和份额应当根据《中华人民共和国民法典》“继承编”的规定办理。

知识链接

《中华人民共和国民法典》

第一千一百二十三条　继承开始后，按照法定继承办理；有遗嘱的，按照遗嘱继承或者遗赠办理；有遗赠扶养协议的，按照协议办理。

第一千一百二十七条　遗产按照下列顺序继承：

（一）第一顺序：配偶、子女、父母；

（二）第二顺序：兄弟姐妹、祖父母、外祖父母。

……

第一千一百二十九条　丧偶儿媳对公婆，丧偶女婿对岳父母，尽了主要赡养义务的，作为第一顺序继承人。

第一千一百三十条　同一顺序继承人继承遗产的份

笔记区

额，一般应当均等。

对生活有特殊困难又缺乏劳动能力的继承人，分配遗产时，应当予以照顾。

对被继承人尽了主要扶养义务或者与被继承人共同生活的继承人，分配遗产时，可以多分。

有扶养能力和有扶养条件的继承人，不尽扶养义务的，分配遗产时，应当不分或者少分。

继承人协商同意的，也可以不均等。

第一千一百三十二条 继承人应当本着互谅互让、和睦团结的精神，协商处理继承问题。遗产分割的时间、办法和份额，由继承人协商确定；协商不成的，可以由人民调解委员会调解或者向人民法院提起诉讼。

纠纷解决技巧

对此类宅基地使用权继承纠纷的处理：首先，在前期调查上，“法律明白人”应当通过调取资料、村内走访等形式，了解案涉宅基地的不动产登记信息以及被继承人子女的情况，并应当依法明确城镇户籍子女也拥有继承权。其次，在纠纷解决思路上，应当结合被继承人生前的遗嘱内容、继承人对被继承人生前的赡养情况等，对有继承权的各方动之以情、晓之以理，循循善诱，提出合理的、可执行的遗产分配解决方案。最后，在纠纷解决技巧上，从法理层面,须让各方继承人学习和了解国家的法律和政策;从情理层面,应引导各方继承人换位思考,缓和矛盾,化解纠纷。

笔记区

试题

下列(　　)[①]情形下,当事人可以作为第一顺位继承人依法申请继承宅基地使用权?

A. 宅基地使用权人的子女

B. 宅基地使用权人的兄弟

C. 宅基地使用权人的姐妹

D. 宅基地使用权人的父母

① 答案:AD。

笔记区

30. 宅基地及地上房屋可否用于抵押贷款?

案例

根据国家的改革政策,A县2018年开始了宅基地使用权抵押贷款试点。张某为A县某村村民,其认为在本县经营民宿将获得可观的收益,但苦于资金太少,无法开展前期投资。乡镇扶贫办在了解到张某的情况后,为其介绍了宅基地使用权抵押贷款试点的情况。2019年,张某将自己的宅基地20年期使用权抵押给当地农村商业银行,获得10万元贷款,用于改造自己经营的乡村民宿。因为经营情况良好,张某2021年便将银行的贷款还清,乡亲们十分羡慕,纷纷向他请教如何进行宅基地抵押贷款。

法律分析

《中华人民共和国民法典》第399条第2项的规定,宅基地使用权不得抵押,但是法律规定可以抵押的除外。《中华人民共和国民法典》之所以作上述规定,主要是因为宅基地能够保障农村村民的居住权利,担心办理使用权抵押之后若无力还款会导致农民居无定所。不过,由于农民在发展经济的过程中,也需要一定的渠道进行融资,因此国家近些年正在研究如何积极稳妥地推进宅基地使用权抵押试点工作。2015 年,全国人民代表大会常务委员会作出了《关于授权国务院在北京市大兴区等 232 个试点县(市、区)、天津市蓟县等 59 个试点县(市、区)行政区域分别暂时调整实施有关法律规定的决定》,暂时调整实施集体所有的宅基地使用权不得抵押的规定。在防范风险、遵守有关法律法规和农村土地制度改革等政策的基础上,赋予农民住房财产权(含宅基地使用权)抵押融资功能,在农民住房财产权抵押贷款试点地区,允许农民以其住房财产权抵押贷款。

2018 年,经过三年的试点,国务院在《关于全国农村承包土地的经营权和农民住房财产权抵押贷款试点情况的总结报告》中指出,农房抵押贷款在各地发展极不平衡,且宅基地制度改革尚未完成、缺乏司法处置的法律依据,农房流转和处置仍面临较大障碍,农房抵押贷款未形成有效闭环,因此相关改革依然需要进行探索和完善。该报告还指出,未来宅基地的改革,政府要加快推进行政辖区内房屋所有权及宅基地使用权调查确权登记颁证工作,积极组织做好集体建设用地基准地价制定、价值评估、抵押物处置机制等配套工作。(1)因地制宜,科学合理开展抵押物价值评估。可以通过引入第三方评估机构、组建评估专家库和金融机构自评估等,丰富价值评估方式。(2)完善贷款风险补偿和缓释机制。农民住房财产权抵押贷款试点

笔记区

地区设立风险补偿基金，成立政府性担保公司，以出资额为限提供风险补偿或担保代偿，有效分担金融机构开办农民住房财产权抵押贷款业务风险。(3)市场化抵押物处置机制。针对农房抵押，各地在保障农民基本居住权基础上，探索司法处置、村民内部协议转让等处置模式。依托试点的成功经验，以点带面，构建系统的农民住房财产权抵押贷款机制，形成包括确权颁证、交易流转、抵押物价值评估和处置等在内的完整抵押贷款业务。

知识链接

《中华人民共和国民法典》

第三百九十八条 乡镇、村企业的建设用地使用权不得单独抵押。以乡镇、村企业的厂房等建筑物抵押的，其占用范围内的建设用地使用权一并抵押。

第三百九十九条 下列财产不得抵押：

(一)土地所有权；

(二)宅基地、自留地、自留山等集体所有土地的使用权，但是法律规定可以抵押的除外；

……

纠纷解决技巧

农民宅基地以及地上住房抵押贷款对缓解“三农”领域融资难、融资贵问题，支持农户增收致富具有重要的意义。不过,该项制度改革需要很多配套制度的支撑才能最终建立并有效运行。为此,地方应当完成房地一体的宅基地使用权确权登记颁证工作,明确产权归属,切实保障宅基地农户土地和房屋财产权。“法律明白人”应及时关注国家的政策,如果本地被列为试点地区,那么可以引导广大群众在创新创业过程中利用该制度进行融资。不过,任何抵押都是有风险的,因此应当引导群众稳妥开展宅基地和住房抵押贷款。

试题

根据法律规定,下列哪些情形,可以用于农民住房财产权抵押贷款?(　　)①

A. 宅基地所有权　　B. 宅基地使用权

C. 农村住宅所有权　　D. 宅基地资格权

---

① 答案:BC。

笔记区

▶ 31. 农民进城落户后，村集体组织能否收回宅基地？

案例

王某原为某县某村某组的成员，20世纪80年代后外出经商，后定居在某市，并将户口从老家迁入了居住的城市。王某父母早亡，也没有兄弟姐妹，只在原集体经济组织中分得的宅基地上有一间自建的瓦房，其离开老家后瓦房也一直无人打理，荒废闲置。数十年后，王某到了退休年纪，回到老家准备修缮祖宅以供其养老。在动工之际，村委会告知因王某的户口已经迁出，其不属于本集体经济组织成员，村里有权收回王某的宅基地，王某也无权修缮居住。但王某认为自己虽然外出多年，但这是自家的祖宅，这块地上的房子也是自家盖的，不认可村委会收回宅基地的说法，因此引发纠纷。

法律分析

《中华人民共和国民法典》规定，宅基地使用权人依法对集体所有的土地享有占有和使用的权利，有权依法利用该土地建造住宅及其附属设施。2019年修正的《中华人民共和国土地管理法》第62条第6款规定“国家允许进城落

笔记区

户的农村村民依法自愿有偿退出宅基地,鼓励农村集体经济组织及其成员盘活利用闲置宅基地和闲置住宅”。2021年9月1日开始实施的《中华人民共和国土地管理法实施条例》第36条规定,依法取得的宅基地和宅基地上的农村村民住宅及其附属设施受法律保护。禁止违背农村村民意愿强制流转宅基地,禁止违法收回农村村民依法取得的宅基地,禁止以退出宅基地作为农村村民进城落户的条件,禁止强迫农村村民搬迁退出宅基地。这些规定意味着,农民进城落户的,并不当然地丧失宅基地的使用权以及地上住宅的所有权。进城落户农民退出宅基地须遵循两个原则:一是自愿;二是有偿。“自愿原则”,是指村集体农民进城落户的,村集体组织不得强制收回宅基地,不得通过强制手段迫使农民退出宅基地,禁止以退出宅基地作为农村村民进城落户的条件;“有偿原则”,是指农民自愿退出宅基地的,村集体应当综合考虑住宅面积、安置成本等因素合理制定有偿退出机制,并给予合理补偿。农民进城落户的,征收其宅基地及地上房屋时,应当按照征收补偿标准予以相应补偿。

原国家土地管理局1995年发布的《确定土地所有权和使用权的若干规定》第52条规定“空闲或房屋坍塌、拆除两年以上未恢复使用的宅基地,不确定土地使用权。已经确定使用权的,由集体报经县级人民政府批准,注销其

笔记区

土地登记,土地由集体收回”。此处的空闲宅基地,主要是指村集体分配给特定的家庭,但该家庭出现“绝户”或明确表示放弃宅基地使用权导致宅基地空闲等情况。房屋坍塌、拆除两年以上未恢复使用的宅基地不确定土地使用权的规定,主要是要求农民进城落户后,应当加强对房屋的维护和修缮。如果出现“房屋坍塌、拆除两年以上未恢复使用”的情况,相当于明确表示放弃宅基地使用权。此时,宅基地有可能被集体无偿收回。

知识链接

《中华人民共和国乡村振兴促进法》第五十五条第二款 县级以上地方人民政府应当采取措施促进在城镇稳定就业和生活的农民自愿有序进城落户,不得以退出土地承包经营权、宅基地使用权、集体收益分配权等作为农民进城落户的条件;推进取得居住证的农民及其随迁家属享受城镇基本公共服务。

《中华人民共和国土地管理法》第六十二条第六款 国家允许进城落户的农村村民依法自愿有偿退出宅基地,鼓励农村集体经济组织及其成员盘活利用闲置宅基地和闲置住宅。

《中华人民共和国土地管理法实施条例》第三十六条 依法取得的宅基地和宅基地上的农村村民住宅及其

笔记区

附属设施受法律保护。

禁止违背农村村民意愿强制流转宅基地,禁止违法收回农村村民依法取得的宅基地,禁止以退出宅基地作为农村村民进城落户的条件,禁止强迫农村村民搬迁退出宅基地。

纠纷解决技巧

农村村民进城落户之后,无权再要求集体为其分配新的宅基地,但是已有宅基地使用权以及地上房屋所有权依然属于其私人财产,村集体不得以村民进城落户为由强制收回其宅基地及其地上房屋,不得以退出宅基地作为农村村民进城落户的条件。另外,对进城落户的农民家庭应当对其原有的房屋加强维护和修缮,防止“房屋坍塌、拆除两年以上未恢复使用”情况的出现。村集体在特定情况下可以无偿收回宅基地,但无偿收回需要经过县级人民政府批准,村集体无权自行作出宅基地无偿收回的决定。

试题

国家允许进城落户的农村村民,依法(　　)[①]退出宅基地。

A. 强制无偿　　B. 强制有偿

C. 自愿无偿　　D. 自愿有偿

① 答案:D。

笔记区

32. 宅基地有偿退出的前提是什么？

案例

2017 年，农村村民王某在城市里买房定居，张某系与王某同村的村民。2018 年，张某的住宅因村内修建公路被征收，村内又没有新增宅基地可以分配，所以张某和王某协商，想购买王某在农村的宅基地及其地上住宅。最终，双方经过友好协商，签订了宅基地及地上房屋转让协议，并办理了不动产产权变更登记手续。

法律分析

中共中央办公厅、国务院办公厅 2015 年 11 月 2 日印发的《深化农村改革综合性实施方案》提出，“宅基地制度改革的基本思路是：在保障农户依法取得的宅基地用益物权基础上，改革完善农村宅基地制度，探索农民住房保障新机制，对农民住房财产权作出明确界定，探索宅基地有偿使用制度和自愿有偿退出机制，探索农民住房财产权抵押、担保、转让的有效途径”。为了落实这一改革基本思路，2018 年的中央一号文件——中共中央、国务院《关于实施乡村振兴战略的意见》提出要“完善农民闲置宅基地和闲置农房政策，探索宅基地所有权、资格权、使用权‘三权

笔记区

分置’,落实宅基地集体所有权,保障宅基地农户资格权和农民房屋财产权,适度放活宅基地和农民房屋使用权……”此后,山东禹城、浙江义乌和德清、四川泸县等试点地区结合实际,探索了一些宅基地“三权分置”模式。但是因为试点范围较窄,试点时间较短,尚未形成可复制、可推广的制度经验,且各有关方面对宅基地所有权、资格权、使用权的权利性质和边界认识还不一致,有待深入研究。为此,2019 年修正的《中华人民共和国土地管理法》只是原则性地规定,国家允许进城落户的农村村民依法自愿有偿退出宅基地,鼓励农村集体经济组织及其成员盘活利用闲置宅基地和闲置住宅。具体如何“有偿退出”,实践中有关部门和地方可以结合本地实际情况进行积极探索,但不能损害农民合法权益,对闲置宅基地和闲置住宅的利用和利益分配,要与农村集体经济组织以及宅基地使用权人和住宅所有权人进行充分协商,不能违背权利人的意愿强制推进。

需要准确把握的是,所谓“进城落户的农村村民”应当是指农村村民一家人在城市中购买了房产,可以稳定地在城市中生活,不至于流离失所。为此,在具体的工作实践中,凡是希望有偿退出宅基地的农村村民,需要提供其在城市中的房产证或不动产登记证书。另外,为了防止有的家庭成员隐瞒其他成员申请宅基地有偿退出,应当要求该户所有成年家庭成员都提供书面同意意见,方可办理宅基

笔记区

地有偿退出手续。

知识链接

《中华人民共和国土地管理法》第六十二条第六款 国家允许进城落户的农村村民依法自愿有偿退出宅基地,鼓励农村集体经济组织及其成员盘活利用闲置宅基地和闲置住宅。

《中华人民共和国土地管理法实施条例》

第三十五条 国家允许进城落户的农村村民依法自愿有偿退出宅基地。乡(镇)人民政府和农村集体经济组织、村民委员会等应当将退出的宅基地优先用于保障该农村集体经济组织成员的宅基地需求。

第三十六条 依法取得的宅基地和宅基地上的农村村民住宅及其附属设施受法律保护。

禁止违背农村村民意愿强制流转宅基地,禁止违法收回农村村民依法取得的宅基地,禁止以退出宅基地作为农村村民进城落户的条件,禁止强迫农村村民搬迁退出宅基地。

纠纷解决技巧

对申请有偿退出宅基地的,首先,应审查退出宅基地的村民的户籍信息、居民身份信息,确认村民的集体经济组织成员身份,以及登记户口簿的户主和家庭成员信息;

其次,审查申请退出的宅基地的产权证书,核对宅基地产权信息与户籍信息,确认产权归属;再次,经本农村集体经济组织或村委会审核通过后,由乡镇人民政府对退出宅基地进行审核,符合规定条件的按规定办理;最后,通知户主以及户口簿上的全部家庭成员到场,组织签订宅基地退出(转让)协议,协议签订后,双方应当带着不动产登记证书及时办理产权变更登记手续。

笔记区

试题

国家允许(　　)①的农村村民依法自愿有偿退出宅基地。

A. 进城打工　　B. 进城落户

C. 进城上学　　D. 参军入伍

① 答案:B。

笔记区

33. 有偿退出后的宅基地如何进行再利用？

案例

A村是一个位于城郊的农村，山清水秀。按照乡镇人民政府的统一规划，该村近几年重点发展乡村旅游产业。为此，该村村委会与本村闲置房屋的所有权人联系，表示可以签订10年期的《宅基地有偿退出协议》，按每平方米30元的标准给予补偿金。王某等15户村民因为长期在城市中务工或经商，纷纷表示愿意签署该协议。随后，当地村委会将王某等15户退出的宅基地和房屋出租给某民宿发展公司，实现了宅基地资源的合理利用，也极大地带动了当地经济和文化的发展。

法律分析

2019年修正的《中华人民共和国土地管理法》之所以建立宅基地自愿有偿退出制度，主要是为了鼓励农村集体经济组织及其成员盘活利用闲置宅基地和闲置住宅，促进农村土地资源进一步合理利用。宅基地有偿退出之后，土地利用方式须在符合土地利用总体规划和乡村两级规划的前提下，因地制宜地进行探索。在尊重农民意愿并符合规划的前提下，鼓励村集体积极稳妥开展闲置宅基地整

笔记区

治,整治出的土地优先用于满足农民新增宅基地需求、村庄建设和乡村产业发展。闲置宅基地盘活利用产生的土地增值收益要全部用于农业农村。在征得宅基地所有权人同意的前提下,鼓励农村村民在本集体经济组织内部向符合宅基地申请条件的农户转让宅基地。各地可探索通过制定宅基地转让示范合同等方式,引导规范转让行为。转让合同生效后,应及时办理宅基地使用权变更手续。对进城落户的农村村民,各地可以多渠道筹集资金,探索通过多种方式鼓励其自愿有偿退出宅基地。

知识链接

《中华人民共和国土地管理法》第六十二条第六款 国家允许进城落户的农村村民依法自愿有偿退出宅基地,鼓励农村集体经济组织及其成员盘活利用闲置宅基地和闲置住宅。

《中华人民共和国土地管理法实施条例》第三十五条 国家允许进城落户的农村村民依法自愿有偿退出宅基地。乡(镇)人民政府和农村集体经济组织、村民委员会等应当将退出的宅基地优先用于保障该农村集体经济组织成员的宅基地需求。

纠纷解决技巧

目前,宅基地的有偿退出制度改革还在探索之中,在

笔记区

这种情况下,农村集体经济组织可以通过支持农村集体经济组织及其成员采取复垦、入股等多种方式,盘活利用农村闲置宅基地和闲置住宅。具体来说,可以探索以下几种改革方式:(1)有偿退出后复垦为耕地。签订宅基地有偿退出协议,补偿标准由村集体与宅基地使用权退出户协商确定,将退出的宅基地拆旧复垦,并将复垦的耕地承包权交由宅基地退出户。(2)通过设立有期限的宅基地经营权,依法出让给村集体或工商业企业,或者也可以以有期限的宅基地经营权入股,用以发展符合乡村特点的休闲农业、乡村旅游、餐饮民宿、文化体验、民俗展览、创意办公、康养服务、电子商务等新产业新业态。

试题

依据法律规定,农村农民有偿退出后的宅基地,可以采取哪些方式加以利用?(　　)[1]

A. 土地入股分红　　B. 宅基地复垦复绿

C. 合营餐饮民宿　　D. 出租供民俗展览

---

① 答案:ABCD。

笔记区

▶ 34. 自建房置换保障房后，可否再申请宅基地？

案例

为了推进城乡一体化建设，A 市市政府于 2015 年启动了城市安置房换农村宅基地自建房的计划。根据当时的计划，可选购安置房的总建筑面积，不超过原住房合法建筑面积 1.4 倍的，实行城市房屋无偿置换农村自建房。超出 1.4 倍的，农民可按照每平方米 10,000 元的价格进行有偿购买。农民获得的安置房性质为商品房，办理产权登记手续之后可以在市场上进行交易。另外，搬迁到城市安置房的，政府负责为农民补缴城市居民养老保险。李某全家在规定的时间内签署了置换协议，共获得了两套安置房（面积分别为 120 平方米和 102 平方米），李某和其老伴的养老保险由政府补缴，达到退休年龄以后可以依法领取。2019 年，李某回到村里提出，自己的孩子成年该结婚了，希望村里给他们家再分配一幅宅基地。理由是李某一家的户口并没有迁入城市而依然在原来的村集体。另外，政府并没有为其儿子缴纳养老保险，所以他的儿子依然有权申请宅基地。村委会和乡人民政府拒绝了李某的申请，理由是李某一家已经享受了城市居民的社会保障。李某对此表示不理解。

笔记区

法律分析

宅基地使用权作为农村村民依法享有的社会保障性福利,除因征地拆迁、自愿退出、合法转让的,宅基地使用权由村民享有并可以依法继承。村委会或者政府投资建设的给农民居住的保障房,是为了给予失地失宅农民最基本的生活保障,是替代原有的宅基地成为农民的新的社会保障福利,也对应了农民原有宅基地的社会保障性质。因此,农民分得保障房的,已然获得最基本的社会保障,无须再分配其新的宅基地或者保留原有的宅基地。另外,从公平原则来看,农民搬进政府建设的保障房,在与自建房对应的面积内是未支付任何对价的,其生活和居住条件已经得到改善。如果无偿获得保障房,又申请另行分配新的宅基地,很明显超越了“合理补偿”原则。

从法律的规定来看,政府提供的城市安置房与农民的自建房之间的置换,并不属于土地和房屋征收,但可以参考征收中的补偿关系进行理解。比如,《中华人民共和国土地管理法》第 48 条第 4 款规定:“……对其中的农村村民住宅,应当按照先补偿后搬迁、居住条件有改善的原则,尊重农村村民意愿,采取重新安排宅基地建房、提供安置房或者货币补偿等方式给予公平、合理的补偿……”此处的“重新安排宅基地建房”“提供安置房”的两种补偿方案

笔记区

属于“二选一”关系,即重新安排宅基地建房的就不再提供安置房,提供安置房的就不再保留原有的宅基地或者不再分配新的宅基地。选择了作为社会福利性质的保障房,就不能再申请重新安排宅基地建房。李某一家人的户口究竟在农村还是在城市,并不构成是否为其分配宅基地的唯一依据。另外,李某的儿子到城市居住之后,其社保通常是由个人、政府和用人单位一起缴纳的,即使是自由职业者,也可以通过灵活就业的方式缴纳社保,并不能以此为理由要求分配宅基地。

知识链接

《中华人民共和国土地管理法》第四十八条第四款 征收农用地以外的其他土地、地上附着物和青苗等的补偿标准,由省、自治区、直辖市制定。对其中的农村村民住宅,应当按照先补偿后搬迁、居住条件有改善的原则,尊重农村村民意愿,采取重新安排宅基地建房、提供安置房或者货币补偿等方式给予公平、合理的补偿,并对因征收造成的搬迁、临时安置等费用予以补偿,保障农村村民居住的权利和合法的住房财产权益。

纠纷解决技巧

农民安置房具有保障农民居住权利的社会福利性质。“法律明白人”应当结合国家和当地政策分析安置房与原

笔记区

自建房以及农村村民身份的关系。首先，在落实村民入住安置房的政策时，应该严格贯彻国家法律和中央有关政策，不得以各种名义违背农民意愿强制流转宅基地，不得违法收回农户合法取得的宅基地，应充分尊重农民意愿；其次，自愿置换安置房时，是整个农户在进行自建房和安置房置换，而不是农户中的某个人单独置换；最后，无偿分配宅基地制度的本质是保障农民的居住权，如果农户的居住权已经通过安置房得到了保障，并且农户已经进入了城市社会保障体系，就不应再通过宅基地对其进行额外保障。

试题

征收农民自建住宅的，农民已经置换取得政府修建的安置房后，可否再申请宅基地？（　　）①

A. 经村委会备案后可以　　B. 可以

C. 经乡政府同意后可以　　D. 不可以

---

① 答案：D。

笔记区

▶ 35. 违法在耕地上修建住宅应承担哪些法律责任?

案例

张某系某村村民。2020 年 8 月，张某违法占用该村集体土地 0.22 亩修建住宅，其中，耕地面积 0.2 亩(均为永久基本农田)。当地农业农村、自然资源管理部门在联合执法过程中，发现张某违法建房的问题，要求其自行拆除违法建筑，并将土地恢复原状。张某没有执行该行政命令。2020 年 12 月，县农业农村、自然资源等部门依法拆除了违法建筑物，并对张某处以 1 万元罚款。

法律分析

村民违法在耕地上建设住宅的须承担相应的法律责任:(1)农村村民不按照批准的用途使用耕地的，由农村集体经济组织报经原批准用地的人民政府批准，可以收回土地。(2)违反法律规定，占用耕地建窑或者擅自在耕地上建房，破坏种植条件的，由县级以上人民政府自然资源主管部门、农业农村主管部门等按照职责责令限期改正或者治理，可以并处罚款；构成犯罪的，依法追究刑事责任。(3)未经批准或者采取欺骗手段骗取批准，非法占用土地

笔记区

建住宅的，由县级以上人民政府农业农村主管部门责令退还非法占用的土地，限期拆除在非法占用的土地上新建的房屋。(4)超过规定的标准，多占土地建设住宅的，多占的土地以非法占用土地论处，即按照未经批准或者采取欺骗手段骗取批准非法占用土地的违法行为处罚。(5)对乱占耕地建房、违反生态保护红线管控建房的，不动产登记部门不得办理登记，不得通过宅基地产权登记将违法用地合法化。

知识链接

《中华人民共和国土地管理法》

第三十七条 非农业建设必须节约使用土地，可以利用荒地的，不得占用耕地；可以利用劣地的，不得占用好地。

禁止占用耕地建窑、建坟或者擅自在耕地上建房、挖砂、采石、采矿、取土等。

禁止占用永久基本农田发展林果业和挖塘养鱼。

第七十五条 违反本法规定，占用耕地建窑、建坟或者擅自在耕地上建房、挖砂、采石、采矿、取土等，破坏种植条件的，或者因开发土地造成土地荒漠化、盐渍化的，由县级以上人民政府自然资源主管部门、农业农村主管部门等按照职责责令限期改正或者治理，可以并处罚款；构成犯罪的，依法追究刑事责任。

笔记区

第七十八条 农村村民未经批准或者采取欺骗手段骗取批准,非法占用土地建住宅的,由县级以上人民政府农业农村主管部门责令退还非法占用的土地,限期拆除在非法占用的土地上新建的房屋。

超过省、自治区、直辖市规定的标准,多占的土地以非法占用土地论处。

《中华人民共和国土地管理法实施条例》第五十五条 依照《土地管理法》第七十五条的规定处以罚款的,罚款额为耕地开垦费的5倍以上10倍以下;破坏黑土地等优质耕地的,从重处罚。

纠纷解决技巧

针对违法在耕地上建设住宅的问题,"法律明白人"应当做好土地管理法律法规的宣传解释工作。第一,建设住宅占用农用地的,必须依法履行农用地转用审批手续,对于违法占用耕地建设住宅的,需要承担相应的法律责任。第二,村民在耕地上建设住宅,经劝导仍不同意拆除复垦的,集体经济组织可以报经原批准用地的人民政府批准,收回土地。第三,擅自占用耕地建房,破坏种植条件的,由县级以上人民政府自然资源主管部门、农业农村主管部门等责令限期改正或者治理,可以并处罚款。第四,违法占用耕地建房,情节严重,构成犯罪的,需要依法追究刑事责任。

笔记区

试题

依据法律规定，违法在耕地上建设住宅，有可能要承担下列哪些法律责任？（　　）①

A. 拆除违建住宅　　B. 依法缴纳罚款

C. 承担刑事责任　　D. 收回土地使用权

---

① 答案：ABC。

笔记区

▶ 36. 违法建设住宅拒不执行拆除决定会有哪些法律后果?

案例

2015年,在没有取得规划和建设许可的前提下,刘某某在自家的承包地上修建了汽车修理厂和储备仓库,违法建筑面积为334.69平方米。2015年7月,执法人员依照《中华人民共和国行政处罚法》的规定向刘某某依法下达了《行政执法调查通知书》《责令停止违法行为通知书》《责令(限期)改正通知书》《责令停止建设决定书》,责令其立即改正违法行为,同时告知其依法享有的陈述、申辩权利,刘某某自知是违法建筑当场自愿放弃陈述、申辩权利。2015年8月初,当执法人员再次巡查至某组时,发现刘某某非但未改正违法行为,反而趁夜间抢建房屋并准备修建第二层,鉴于刘某某违法事实成立,并拒不改正,执法人员按照《城乡规划法》规定,依法下达了《限期拆除违法建筑决定书》,依法予以强制拆除。

法律分析

在农村地区,建设单位或者个人进行乡镇企业、乡村公共设施、公益事业建设和村民集中住宅建设的,应当向

笔记区

乡镇人民政府提出申请，乡镇人民政府审批村民使用宅基地进行住宅建设，应当依据村庄规划进行。对违法建设住宅的，首先，执法机关作出责令限期改正或者限期拆除决定，并通知规划自然资源主管部门暂停办理不动产登记手续；当事人改正的，应当及时通知规划自然资源主管部门。其次，对正在搭建、开挖的违法建设，执法机关应当书面责令违法建设当事人立即停止建设、自行拆除或者回填；并可以查封违法建设施工现场、扣押违法建设施工工具和材料。最后，在执法机关送达了相应的法律文书后，当事人既不申请复议、诉讼，也不停止建设或者拒不拆除回填的，执法机关可以采取以下措施进行处理：(1)依照法定程序申请法院进行强制拆除；(2)要求违法行为人承担违法建设处置费用，包括但不限于强制拆除或者回填违法建设及其安全鉴定的费用、建筑垃圾清运处置费用，以及相关物品保管费用等；(3)给予罚款处罚，违建人逾期不缴纳罚款的，以罚款数额为上限，每日按罚款数额的3%加处罚款，或者将查封、扣押的财物拍卖、依法处理。

知识链接

《中华人民共和国土地管理法》第八十三条 依照本法规定，责令限期拆除在非法占用的土地上新建的建筑物和其他设施的，建设单位或者个人必须立即停止施工，自

笔记区

行拆除;对继续施工的,作出处罚决定的机关有权制止。建设单位或者个人对责令限期拆除的行政处罚决定不服的,可以在接到责令限期拆除决定之日起十五日内,向人民法院起诉;期满不起诉又不自行拆除的,由作出处罚决定的机关依法申请人民法院强制执行,费用由违法者承担。

《中华人民共和国土地管理法实施条例》第六十一条 阻碍自然资源主管部门、农业农村主管部门的工作人员依法执行职务,构成违反治安管理行为的,依法给予治安管理处罚。

《中华人民共和国城乡规划法》第六十八条 城乡规划主管部门作出责令停止建设或者限期拆除的决定后,当事人不停止建设或者逾期不拆除的,建设工程所在地县级以上地方人民政府可以责成有关部门采取查封施工现场、强制拆除等措施。

《中华人民共和国行政强制法》第四十四条 对违法的建筑物、构筑物、设施等需要强制拆除的,应当由行政机关予以公告,限期当事人自行拆除。当事人在法定期限内不申请行政复议或者提起行政诉讼,又不拆除的,行政机关可以依法强制拆除。

笔记区

纠纷解决技巧

“法律明白人”应当加强对村民的法治宣传教育活动，让广大群众了解违法建设住宅、拒不执行拆除决定可能产生的法律后果。如果当事人认为自己的住宅建设行为是合法的，相关审批手续齐全，那么“法律明白人”应当引导当事人按照《中华人民共和国行政复议法》或《中华人民共和国行政诉讼法》的规定，及时进行行政复议或行政诉讼，避免因为不积极行使权利导致房屋被错误拆除。

试题

农民违法建设住宅拒不执行拆除决定的，可能会承担下列哪些法律后果？（　　）①

A. 依法强制拆除

B. 承担违建设施处置费用

C. 处以罚款

D. 查封违法建设施工现场

---

① 答案：ABCD。

笔记区

37. 集体经营性建设用地如何认定?

案例

A 村村东头有一家纸箱厂和一所小学,纸箱厂原是乡镇企业,后被承包给王某。王某 2018 年去世后,该纸箱厂无人管理也无人继续承包,处于停业状态。村小学则因全县教学改革的缘故已经停止办学。2020 年 10 月,在了解法律允许集体经营性建设用地直接出让给其他市场主体时,A 村准备将纸箱厂和小学的土地使用权进行有偿出让。B 公司主要从事养老健康产业,有意参与竞拍,但发现村小学所占用的集体土地属于公益性建设用地,因此不清楚购买该块土地是否存在法律风险,便到县自然资源局进行咨询。

法律分析

所谓“集体经营性建设用地入市制度”,是指集体土地无须经过政府征收,直接由土地所有者将一定期限内的土地使用权让与土地使用者,并由土地使用者向集体支付土地使用权出让金的行为。这种制度是由 2019 年修正通过的《中华人民共和国土地管理法》新建立的,也是此次修正的重要内容。在探索和建立集体经营性建设用地入市制

笔记区

度的过程中，关于如何认定"集体经营性建设用地"曾有不同观点。立法机关最终采纳的观点是，不用区分存量/新增集体经营性建设用地，而应当以现行有效的规划为准，允许符合现行规划的存量集体经营性建设用地入市，此外，目前用途虽不属于集体经营性建设用地，但是按照土地利用总体规划和城乡规划可用作经营性建设用地的土地，都可以入市。

该观点更有利于实现土地资源的合理利用目标，并且可以通过空间规划的管制防止农业用地用于非农建设。为此，2019 年修正的《中华人民共和国土地管理法》规定，符合下列三个条件的，即属于可以入市流转的集体经营性建设用地：(1)建设用地依法属于集体所有，并符合当地政府确定的土地利用总体规划、城乡规划；(2)建设用地用途被相关规划确定为工业、商业等经营性用途；(3)建设用地经依法登记为集体经营性建设用地。

知识链接

《中华人民共和国土地管理法》第六十三条第一款

土地利用总体规划、城乡规划确定为工业、商业等经营性用途，并经依法登记的集体经营性建设用地，土地所有权人可以通过出让、出租等方式交由单位或者个人使用，并应当签订书面合同，载明土地界址、面积、动工期限、使用

笔记区

期限、土地用途、规划条件和双方其他权利义务。

《中华人民共和国土地管理法实施条例》

第三十七条 国土空间规划应当统筹并合理安排集体经营性建设用地布局和用途,依法控制集体经营性建设用地规模,促进集体经营性建设用地的节约集约利用。

鼓励乡村重点产业和项目使用集体经营性建设用地。

第三十八条 国土空间规划确定为工业、商业等经营性用途,且已依法办理土地所有权登记的集体经营性建设用地,土地所有权人可以通过出让、出租等方式交由单位或者个人在一定年限内有偿使用。

《中华人民共和国乡村振兴促进法》第六十七条第一款和第二款 县级以上地方人民政府应当推进节约集约用地,提高土地使用效率,依法采取措施盘活农村存量建设用地,激活农村土地资源,完善农村新增建设用地保障机制,满足乡村产业、公共服务设施和农民住宅用地合理需求。

县级以上地方人民政府应当保障乡村产业用地,建设用地指标应当向乡村发展倾斜,县域内新增耕地指标应当优先用于折抵乡村产业发展所需建设用地指标,探索灵活多样的供地新方式。

笔记区

纠纷解决技巧

在集体经营性建设用地入市过程中，如果现有的公益设施用地符合当地政府制定的土地利用总体规划和城乡规划，可以进行有偿出让。如果不符合相关规划的要求，则不可出让。不过，村集体可以建议政府考虑本村的实际情况进行规划调整，待规划调整之后，再进行出让。在具体的工作中，“法律明白人”应引导广大村干部和村民，重点查阅相关土地利用总体规划和城乡规划。

试题

土地利用总体规划、城乡规划确定为（　　）①用途，并经依法登记的集体经营性建设用地，土地所有权人可以通过出让、出租等方式交由单位或者个人使用。

A. 公益性　　B. 公共服务

C. 经营性　　D. 行政管理

---

① 答案：C。

笔记区

▶ 38. 集体经营性建设用地入市的主体是哪一组织?

案例

某芯片加工企业是一家上市企业,急需100亩左右的土地建设新的生产线。不过,当地政府规划的工业园区并没有足够的土地用于该项生产线的建设。A村位于当地工业园区的旁边,完善基础设施和公共服务不需要太长的周期,而且土地价格也相对便宜。为此,当地市政府考虑可以将A村的100亩土地纳入集体经营性建设用地入市的范围,促成该生产线尽快投资建设。A村村民会议讨论之后,多数也同意将本集体的经营性建设用地出让给芯片加工企业。不过,该芯片加工企业提出,其是一个上市企业,财务要求非常严格,对购买土地使用权这种大宗交易,A村应当开具增值税专用发票,其才能支付相应的购地价款。A村村委会研究后认为,今后本村还有很多类似的土地使用权出让,因此可以考虑注册成立一个具有法人资格的土地股份合作社,然后与芯片加工企业完成开具发票、缴纳税金等交易。全村村民会议讨论通过了该方案。

笔记区

法律分析

我国仍继续维持广大农村以往实行的“三级所有，队为基础”的农民集体所有土地的基本形式，即农民集体所有的土地依法属于村农民集体所有的，由村集体经济组织或者村民委员会经营、管理；已经分别属于村内两个以上农村集体经济组织的农民集体所有的，由村内各该农村集体经济组织或者村民小组经营、管理；已经属于乡（镇）农民集体所有的，由乡（镇）农村集体经济组织经营、管理。在集体经营性建设用地入市试点过程中，为了适应交易以及缴纳相关税费的要求，有些经济发达区域，农民集体参照公司形式把集体经济组织改造成为具有法人资格的土地股份合作社，由土地股份合作社负责集体土地入市或者由土地股份合作社作为出资人设立有限责任公司，由有限责任公司负责经营管理集体经营性建设用地，并具体办理入市事宜。这种制度安排一方面使集体经营性建设用地的资产产权明晰，另一方面也有利于与其他市场主体进行交易。当然，也有一些地方依然由村民小组、村委会、乡镇政府等非法人化的主体作为出让主体，这种模式的优点是不需要成立专门的法人组织，但是容易让受让方产生交易不安全、不稳定的顾虑，一旦交易执行过程中出现纠纷，难以通过法律渠道处理纠纷。

知识链接

笔记区

《中华人民共和国土地管理法实施条例》第四十一条

土地所有权人应当依据集体经营性建设用地出让、出租等方案,以招标、拍卖、挂牌或者协议等方式确定土地使用者,双方应当签订书面合同,载明土地界址、面积、用途、规划条件、使用期限、交易价款支付、交地时间和开工竣工期限、产业准入和生态环境保护要求,约定提前收回的条件、补偿方式、土地使用权届满续期和地上建筑物、构筑物等附着物处理方式,以及违约责任和解决争议的方法等,并报市、县人民政府自然资源主管部门备案。未依法将规划条件、产业准入和生态环境保护要求纳入合同的,合同无效;造成损失的,依法承担民事责任。合同示范文本由国务院自然资源主管部门制定。

纠纷解决技巧

《中华人民共和国土地管理法》没有明确限定由哪一组织来代表集体进行经营性建设用地的出让或出租。但是从社会和土地市场的发展情况来看,法人是市场的重要组织,应当积极促进集体经济组织的法人化,否则受让方可能因担心交易安全而不愿意有偿受让集体经营建设用地的使用权。《中华人民共和国民法典》已经明确规定,集体经济组织可以登记为特别法人。因此,建议有条件的地

笔记区

方积极按照中央所确定的“股份合作制”原则进行法人登记和建设。完成该项工作之后，村民变成股份合作社的股东，不但产权清晰，有利于合理分红，而且有利于与其他市场主体更加顺利地开展交易。当然，在条件不成熟的地方，由村民小组、村委会、乡(镇)人民政府等非法人化的主体作为出让方的代表，也可被作为一种过渡性方案。

试题

依据法律规定，集体经营性建设用地入市的出让主体可以是哪些组织？(　　)①

A. 村集体经济组织

B. 村民委员会

C. 乡(镇)农村集体经济组织

D. 村民小组

---

① 答案：ABCD。

笔记区

▶ 39. 集体经营性建设用地入市的法律程序是什么?

案例

某旅游开发企业在了解到集体经营性建设用地入市制度之后，与某村委会签订了集体经营性建设用地入市协议，约定该村提供100亩集体经营性用地40年使用权，旅游开发企业按照每亩1万元支付土地使用权出让金。有村民认为，该土地出让协议，既没有听取村民的意见，也没有经过政府的批准，不合法，因此是无效的。县自然资源局接到群众举报之后，依法核实了相关情况，指示不动产登记中心不得为旅游开发企业办理相关建设用地使用权证书，并要求村委会依法报送土地出让方案，经县人民政府批准后才能重新签署集体经营性建设用地出让协议。

法律分析

根据2019年修正的《中华人民共和国土地管理法》以及2021年修订的《中华人民共和国土地管理法实施条例》的规定，集体所有的经营性建设用地无须经过政府征收即可直接通过出让、出租等方式交由单位或者个人使用，但是该土地出让和出租需要满足必要的法律条件并遵循法定程序。

笔记区

集体经营性建设用地入市的法律程序包括:(1)土地所有权人出让、出租集体经营性建设用地使用权的,由集体经济组织提出,但是应当经本集体经济组织成员的村民会议2/3以上成员或者2/3以上村民代表的同意。(2)由本集体经济组织形成书面意见,在出让、出租前不少于10个工作日报市、县人民政府。如果市、县人民政府认为该方案不符合规划条件或者产业准入和生态环境保护要求等的,应当在收到方案后5个工作日内提出修改意见。土地所有权人应当按照市、县人民政府的意见进行修改。(3)政府审核通过之后,土地所有权人应当通过公开招标、拍卖、挂牌或者协议出让等方式确定土地使用者,而不能私下进行交易。公开出让或出租之后,交易双方应当签署由自然资源主管部门提供的合同文本,并将合同报市、县人民政府自然资源主管部门备案。(4)依法办理集体经营性建设用地使用权登记手续。

知识链接

《中华人民共和国土地管理法》第八十二条 擅自将农民集体所有的土地通过出让、转让使用权或者出租等方式用于非农业建设,或者违反本法规定,将集体经营性建设用地通过出让、出租等方式交由单位或者个人使用的,由县级以上人民政府自然资源主管部门责令限期改正,没收违法所得,并处罚款。

笔记区

纠纷解决技巧

集体土地属于集体所有,村委会或集体经济组织的管理人员可以草拟集体经营性建设用地入市方案,但是相关方案必须经过集体成员 2/3 通过才能生效。所谓成员的 2/3,可以是村民会议 2/3 以上成员,也可以是村民代表的 2/3。根据《中华人民共和国村民委员会组织法》第 21 条的规定,村民会议由本村 18 周岁以上的村民组成。另外,为了确保集体经营性建设用地入市工作有序开展,《中华人民共和国土地管理法实施条例》还要求,村集体形成的集体经营性建设用地入市方案应得到市、县人民政府的同意,没有人民政府的同意,相关入市方案也是不合法的。

试题

经依法登记的集体经营性建设用地,土地所有权人通过出让、出租等方式交由单位或者个人使用的,需符合下列(　　)[①]法律程序。

A. 村民会议 2/3 以上成员同意

B. 1/2 以上村民代表同意

C. 村民会议 1/2 以上成员同意

D. 村民会议全体成员同意

---

① 答案:A。

笔记区

▶ 40. 集体经营性建设用地入市的方式有何区别?

案例

随着电商行业的发展,某物流公司拟占用A村20亩集体经营性建设用地(30年使用权)用于仓库建设。在与A村谈判的过程中,物流企业提出其目前资金比较紧张,希望先支付30%的集体经营性建设用地使用权出让金,其余的土地出让金分10年按年支付。A村的土地股份合作社召集社员讨论之后,同意该物流公司的提议,但要求其除支付剩余70%的土地使用权出让金外,还应当承担相应的银行同期利息,最终经过友好协商并报县人民政府审核,A村与某物流公司签署了《集体经营性建设用地使用权出租协议》。

法律分析

《中华人民共和国土地管理法》规定,集体经营性建设用地使用权可以通过出让、出租等方式交由单位或者个人使用。集体经营性建设用地使用权“出让”与“出租”最大的区别是土地出让金的缴纳方式不同。前者是由受让方一次性缴纳,后者则可以按照合同的约定分期缴纳土地出

笔记区

让金。因此,只要集体经营性建设用地使用权出租合同中明确约定土地租金的支付时间、间隔时间以及支付方式、调整方式等内容,出租合同也是合法的。事实上,法律之所以要作这种区分,主要是为集体经营性建设用地使用权的受让方,提供一种缓解资金紧张的制度通道。当然,这种出租协议的签署,也必须获得集体经济组织全体成员中的多数同意。

另外,《中华人民共和国民法典》第 705 条第 1 款规定,租赁期限不得超过 20 年。超过 20 年的,超过部分无效。对此,自然资源部法规司认为,集体经营性建设用地使用权的出让和出租期限不适用《中华人民共和国民法典》第 705 条第 1 款的规定,因为此处的“出租”应当被界定为法定租赁,权利期限可“参照同类用途的国有建设用地执行”。而《中华人民共和国城镇国有土地使用权出让和转让暂行条例》第 12 条则规定,“土地使用权出让最高年限按下列用途确定:(一)居住用地七十年;(二)工业用地五十年;(三)教育、科技、文化、卫生、体育用地五十年;(四)商业、旅游、娱乐用地四十年;(五)综合或者其他用地五十年”。除出让和出租外,《中华人民共和国土地管理法》还允许集体经济组织通过入股等方式进行集体经营性建设用地使用权的流转。不过,“入股”意味着集体经济组织及其成员需要跟合作企业共同承担经营风险,另外,集

笔记区

体经济组织只有在进行法人登记之后,“入股”这种方式才具有可行性。

知识链接

《中华人民共和国土地管理法》第六十三条第一款

土地利用总体规划、城乡规划确定为工业、商业等经营性用途,并经依法登记的集体经营性建设用地,土地所有权人可以通过出让、出租等方式交由单位或者个人使用,并应当签订书面合同,载明土地界址、面积、动工期限、使用期限、土地用途、规划条件和双方其他权利义务。

《中华人民共和国土地管理法实施条例》第四十三条

通过出让等方式取得的集体经营性建设用地使用权依法转让、互换、出资、赠与或者抵押的,双方应当签订书面合同,并书面通知土地所有权人。

集体经营性建设用地的出租,集体建设用地使用权的出让及其最高年限、转让、互换、出资、赠与、抵押等,参照同类用途的国有建设用地执行,法律、行政法规另有规定的除外。

纠纷解决技巧

在集体经营性建设用地入市过程中,究竟应当采用哪种方式进行集体经营性建设用地流转,需要集体土地所有权人在分析相关风险的基础上进行确定,并且要考虑市场上投资主体的承受能力。“法律明白人”应当努力把这些方式各自的适用条件和适用领域吃透,引导广大干部和村民选择最适合本地实际情况的入市方式。

笔记区

试题

集体经营性建设用地使用权可以通过(　　)[①]方式进入建设用地一级市场。

A. 转让　　B. 互换

C. 出资　　D. 抵押

① 答案:ABCD。

笔记区

41. 集体经营性建设用地入市后可用作哪些用途？

案例

某大学因为招生规模不断扩大，计划在城市郊区修建一片新的校区，2020年，在知晓集体经营性建设用地制度已经依法建立之后，想了解集体经营性建设用地是否可以用于大学校园的建设。有相似想法的还有某县人民政府，他们希望能够利用集体经营性建设用地入市制度，建设一批公租房，从而解决公租房和廉租房用地成本高昂的问题。但是从《中华人民共和国土地管理法》关于“土地利用总体规划、城乡规划确定为工业、商业等经营性用途，并经依法登记的集体经营性建设用地”的规定来看，大学和地方政府的这种用地需求似乎并不属于经营性用途。那么这些用地需求能否通过集体经营性建设用地入市程序满足呢？

法律分析

集体经营性建设用地入市之后能作哪些用途，《中华人民共和国土地管理法》规定的是“土地利用总体规划、城乡规划确定为工业、商业等经营性用途”。根据党的十八届三中全会通过的中共中央《关于全面深化改革若干重大

笔记区

问题的决定》中“建立城乡统一的建设用地市场。在符合规划和用途管制前提下,允许农村集体经营性建设用地出让、租赁、入股,实行与国有土地同等入市、同权同价”的改革目标,《中华人民共和国土地管理法》上述规定中的经营性建设用地应当被解释为包含“工业、商业之外的其他建设用地类型”,但需符合一定条件,即“工业、商业之外的其他建设用地类型”也可以通过集体经营性建设用地入市程序进行供给,不过需要符合土地利用总体规划、城乡规划或国土空间规划,此外还要符合相关的法律程序,并在市(县)人民政府审核同意之后才能进行建设。

知识链接

《中华人民共和国土地管理法》第六十三条 土地利用总体规划、城乡规划确定为工业、商业等经营性用途,并经依法登记的集体经营性建设用地,土地所有权人可以通过出让、出租等方式交由单位或者个人使用,并应当签订书面合同,载明土地界址、面积、动工期限、使用期限、土地用途、规划条件和双方其他权利义务。

《中华人民共和国土地管理法实施条例》第四十条 土地所有权人应当依据规划条件、产业准入和生态环境保护要求等,编制集体经营性建设用地出让、出租等方案,并依照《土地管理法》第六十三条的规定,由本集体经济组织

笔记区

形成书面意见，在出让、出租前不少于十个工作日报市、县人民政府。市、县人民政府认为该方案不符合规划条件或者产业准入和生态环境保护要求等的，应当在收到方案后五个工作日内提出修改意见。土地所有权人应当按照市、县人民政府的意见进行修改。

集体经营性建设用地出让、出租等方案应当载明宗地的土地界址、面积、用途、规划条件、产业准入和生态环境保护要求、使用期限、交易方式、入市价格、集体收益分配安排等内容。

纠纷解决技巧

在具体的土地管理实践中，如果集体经营性建设用地出让、出租用于工业、商业及公益性用途，只要符合相关规划管控的要求，市(县)人民政府一般都是会同意的。但如果用于商品房开发，因可能涉及房地产政策等多方面的问题，短期内还未放开。不过，2021 年国务院办公厅在《关于加快发展保障性租赁住房的意见》中提出，主要利用集体经营性建设用地、企事业单位自有闲置土地、产业园区配套用地和存量闲置房屋建设保障性租赁住房。为此，人口净流入的大城市和省级人民政府确定的城市，在尊重农民集体意愿的基础上，可探索利用集体经营性建设用地建设保障性租赁住房。同时，农村集体经济组织可通过自建或联营、入股等方式建设运营保障性租赁住房;建设保障性租赁住房的集体经营性建设用地使用权可以办理抵押贷款。

笔记区

试题

集体经营性建设用地入市后可以用作哪些用途?( )①

A. 建设保障性租赁住房

B. 建设工厂

C. 建设商业中心

D. 建设医院

① 答案:ABCD。

笔记区

42. 集体经营性建设用地入市后再次流转的条件是什么？

案例

某旅游开发企业与某村委会签订了100亩集体经营性建设用地入市协议，协议约定土地使用权为40年。该旅游开发企业在建设完毕生态康养旅游度假区以及部分民宿酒店产业后，因为资金链紧张，不得不回笼资金。为此，该旅游开发企业与A公司洽谈，希望将100亩集体经营性建设用地使用权以及地上建筑物的所有权全部打包转让给A公司。A公司在查阅相关不动产的权属情况时，发现旅游开发企业拥有的是集体经营性建设用地使用权而非国有建设用地使用权，而且相关土地使用权已使用了3年，因此不清楚与旅游开发企业进行不动产交易是否合法，具体如何办理，有哪些限制性条件？为此，该公司向当地自然资源局进行了咨询。

法律分析

集体经营性建设用地使用权通过出让、出租等方式进入一级市场后，市场情况可能会发生各种各样的变化，为此法律允许相关权利人通过转让、互换、出资、赠与等方式

笔记区

将该项权利进行再次流转。具体的流转办法,国务院已经通过《中华人民共和国土地管理法实施条例》进行了明确,但是需要符合以下几个条件:首先,依法转让、互换、出资、赠与或者抵押的,集体经营性建设用地使用权人要与合同相对方签订书面合同,并且书面通知土地所有权人。根据《中华人民共和国民法典》第 469 条第 2 款的规定,书面形式是合同书、信件、电报、电传、传真等可以有形地表现所载内容的形式。以电子数据交换、电子邮件等方式能够有形地表现所载内容,并可以随时调取查用的数据电文,视为书面形式。其次,再次流转的期限,应当是集体经营性建设用地初次入市时确定的期限扣除已经使用的期限的剩余期限。再次,通过依法转让、互换、出资、赠与或者抵押等方式再次流转集体经营性建设用地使用权的,应当依法办理不动产变更登记,否则物权不发生转移。发生纠纷之后,受让方只能根据转让合同请求赔偿,而难以获得涉案土地的使用权。最后,集体经营性建设用地使用权转让之后,受让方对相关土地的使用需要符合土地利用总体规划和城乡规划的要求。

知识链接

《中华人民共和国土地管理法实施条例》第四十三条

通过出让等方式取得的集体经营性建设用地使用权依

笔记区

法转让、互换、出资、赠与或者抵押的，双方应当签订书面合同，并书面通知土地所有权人。

集体经营性建设用地的出租，集体建设用地使用权的出让及其最高年限、转让、互换、出资、赠与、抵押等，参照同类用途的国有建设用地执行，法律、行政法规另有规定的除外。

纠纷解决技巧

本书在讲到承包地的"三权分置"时曾经指出，《中华人民共和国农村土地承包法》规定，承包地经营权的受让方有权将自己的土地经营权再次流转给其他人，但前提是必须获得"承包方书面同意，并向本集体经济组织备案"。根据《中华人民共和国土地管理法》的规定，集体经营性建设用地使用权再次流转时，只需要书面通知土地所有权人即可，而并不是必须获得集体土地所有权人同意或批准。法律之所以在这两个领域设置不同的规则，有诸多方面的原因：首先，承包地经营权的再次流转可能会因为生产方式的改变而影响土壤的质量，而且土地经营权到期之后，承包经营权人可能还会自行耕种，因此承包地具体如何使用，需要取得承包经营权人的同意。其次，承包地经营权的性质可能是用益物权，也可能是债权。但是集体经营性建设用地使用权全部都属于独立的用益物权，因此不应当

笔记区

由出让方作过多的干涉。最后,集体经营性建设用地使用权再次流转后的用途,由《中华人民共和国土地管理法》《中华人民共和国城乡规划法》《中华人民共和国环境保护法》等法律进行规制,因此,不需要土地所有权人耗费过多的心力。土地所有权人如果发现集体经营性建设用地使用权再次流转后,土地使用权人违反相关空间用途管制规定或环保规定进行生产经营的,可以依法投诉举报,由相关监管部门进行查处。对上述区别,在具体的工作中,"法律明白人"一定要掌握清楚。

试题

通过出让等方式取得的集体经营性建设用地使用权依法转让、互换、出资、赠与或者抵押的,双方应当签订书面合同,并(　　)①通知土地所有权人。

A. 口头　　B. 电话

C. 当面　　D. 书面

① 答案:D。

笔记区

43. 集体经营性建设用地入市收益如何分配?

案例

作为全国人大常委会批准的集体经营性建设用地入市试点,北京市大兴区2015年12月11日公开挂牌出让了一块位于西红门镇的集体经营性建设用地的使用权。该块土地建筑面积为26,700平方米,规划建筑面积为53,400平方米,规划用地性质为绿隔产业用地,出让年限为40年,交易起始价为45,428万元(折合楼面约为8500元/平方米)。2016年1月,某房地产开发有限公司最终以8.05亿元竞得该块土地40年的土地使用权。此次集体经营性建设用地出让所得价款按照“1∶1∶3∶3”的比例进行分配,即向政府缴纳1亿元的调节金(土地成交总价款的10%),支付给农民1亿元,偿还贷款3亿元,用于土地一级开发3亿元。与入市前相比,入市后的寿保庄、四村等4个村社集体净资产增加了0.9亿元,农民人均既得收入增长了6800元。

法律分析

集体经营性建设用地作为集体的资产在出让或出租后,相关出让金如何分配是社会各界都十分关心的一个问题。这个问题由三个部分组成:一是政府与集体之间如何分

笔记区

配;二是集体与成员之间如何分配;三是成员之间如何分配。

就第一项内容而言,财政部和原国土资源部通过《农村集体经营性建设用地土地增值收益调节金征收使用管理暂行办法》创设了"土地增值收益调节金"制度。就第二项和第三项的内容而言,其本质是集体内部如何分配纳税之后的其他增值收益。现行法没有对该问题作出明确规定,而是将其交给集体经济组织成员进行讨论。《中华人民共和国土地管理法》第63条第2款要求"集体经营性建设用地出让、出租等,应当经本集体经济组织成员的村民会议三分之二以上成员或者三分之二以上村民代表的同意"。该规定其实就是赋予集体经济组织成员共同决定如何在集体内部分配土地增值收益的权利。

知识链接

《中华人民共和国土地管理法实施条例》第四十二条

集体经营性建设用地使用者应当按照约定及时支付集体经营性建设用地价款,并依法缴纳相关税费,对集体经营性建设用地使用权以及依法利用集体经营性建设用地建造的建筑物、构筑物及其附属设施的所有权,依法申请办理不动产登记。

纠纷解决技巧

集体经营性建设用地入市后,政府之所以有权分享土

笔记区

地增值收益，是因为集体经营性建设用地使用权在市场上的出让价格与政府持续提供的水电气暖路和网络等公共设施或公共服务是密不可分的，而这些公共设施或公共服务的供给，都需要资金支持。2019 年修正的《中华人民共和国土地管理法》并没有直接规定“土地增值收益调节金”这一制度，是因为“土地增值收益调节金”本质上是一种税，对此，国家会通过税法的完善来建立相关制度。在入市过程中，集体内部在如何分配出让金这一问题上（出让收益）可能会产生不同想法。建议各地的农民集体应尽早通过章程或村规民约制定相关分配规则，用公平合理的规则来解决相关矛盾。在规则制定过程中，首先，“法律明白人”应引导村干部和村民保留一部分出让金，确保集体经济可以发展壮大；其次，也要让集体成员有改革获得感。另外，在集体成员的分配方面，需要制定公平合理且透明的集体成员资格认定和按股分配收益规则。

试题

集体经营性建设用地（　　）①应当按照约定依法缴纳相关税费。

A. 所有者　B. 使用者　C. 抵押权人　D. 出租人

① 答案：B。

笔记区

44. 集体土地征收中的公共利益如何认定?

案例

2020年12月,某县政府作出的征〔2014〕031号《土地和房屋征收决定书》载明:(1)因公共利益需要,“湿地公园综合整治工程”项目建设已获批准;(2)依照《中华人民共和国土地管理法》之规定,对该建设项目规划红线范围内所有的集体土地及其地方房屋进行征收;(3)签约期限自2020年12月20日起至2021年1月20日止。刘某的自建房在该征收决定划定的征收范围内,其认为,“湿地公园综合整治工程”项目不属于公共利益需要,遂向人民法院提起行政诉讼,请求人民法院确认县人民政府作出的征收决定是违法的,并依法撤销该决定。人民法院审理后认为,“湿地公园综合整治工程”项目所要建设的湿地公园,属于环境和资源保护领域的公共事业,符合《中华人民共和国土地管理法》第45条第1款第3项的要求,也符合国民经济和社会发展规划、土地利用总体规划、城乡规划和专项规划,因此驳回了刘某的诉讼请求。

法律分析

《中华人民共和国宪法》、《中华人民共和国民法典》

笔记区

和《中华人民共和国土地管理法》均明确规定，必须基于公共利益的需要才能征收集体土地。2019 年修正的《中华人民共和国土地管理法》第 45 条第 1 款采用“列举 + 概括”的方式规定了 6 种属于公共利益用地的情形。对其中的“由政府组织实施的能源、交通、水利、通信、邮政等基础设施建设需要用地的”，以及“政府组织实施的科技、教育、文化、卫生、体育、生态环境和资源保护、防灾减灾、文物保护、社区综合服务、社会福利、市政公用、优抚安置、英烈保护等公共事业需要用地的”两种公共利益用地类型，通常应当作宽松解释。比如，本案例中的湿地公园综合整治项目既有利于生态环境和资源保护，也有利于促进当地的旅游产业发展，因此被认定为符合当地经济社会发展的需要，满足公共利益用地的条件。另外，“政府组织实施”既包括由政府直接实施或者独立投资的项目，也包括政府主导但运作方式市场化的相关项目。

在土地征收过程中，对公共利益的认定需要注意以下三点：首先，只有全国人大和全国人大常委会通过的法律，才能在《中华人民共和国土地管理法》之外另行规定其他符合公共利益需要可以征收农民集体所有的土地的情形，国务院以及地方政府、地方人大无权在法律规定的范围之外对征地情形另行作出规定。其次，即使符合公共利益需要，也必须符合国民经济和社会发展规划、土地利用总体规划、城乡规划和专项规划。对确实为公共利益所必需但不符合相关规划的建设项目,应当依法申请调整规划,然后再进行征收。最后,由政府组织实施的扶贫搬迁、保障性安居工程建设需要用地以及成片开发建设需要用地,需要被纳入国民经济和社会发展年度计划并由本地人大审议通过。

知识链接

《中华人民共和国土地管理法》第四十五条第一款 为了公共利益的需要,有下列情形之一,确需征收农民集体所有的土地的,可以依法实施征收:

(一)军事和外交需要用地的;

(二)由政府组织实施的能源、交通、水利、通信、邮政等基础设施建设需要用地的;

(三)由政府组织实施的科技、教育、文化、卫生、体育、生态环境和资源保护、防灾减灾、文物保护、社区综合服务、社会福利、市政公用、优抚安置、英烈保护等公共事业需要用地的;

(四)由政府组织实施的扶贫搬迁、保障性安居工程建设需要用地的;

(五)在土地利用总体规划确定的城镇建设用地范围内,经省级以上人民政府批准由县级以上地方人民政府组

笔记区

织实施的成片开发建设需要用地的；

（六）法律规定为公共利益需要可以征收农民集体所有的土地的其他情形。

纠纷解决技巧

根据2021年修订的《中华人民共和国土地管理法实施条例》的规定，地方政府若认为符合《中华人民共和国土地管理法》第45条规定的公共利益需要，需要发布征收土地预公告，然后开展拟征收土地现状调查和社会稳定风险评估。其中，征收土地预公告应当包括征收范围、征收目的、开展土地现状调查的安排等内容。因此，被征收人可以对照法律的规定来判断该预公告中载明的征收目的是否符合公共利益的需要。从总体来看，《中华人民共和国土地管理法》第45条规定了两种类型的公共利益：基于具体公益项目的土地征收和基于成片开发建设需要的土地征收。对第一类土地征收，政府发布的土地征收预公告中的征收目的必须属于《中华人民共和国土地管理法》第45条第1款规定的第1～4项中的某一类型，如果不属于其中的任何一种类型，则不符合公共利益的要求。

试题

笔记区

集体土地征收中的为了公共利益的需要,包含下列哪些情形?(　　)[1]

A. 军事和外交需要用地

B. 交通、水利等基础设施建设需要用地

C. 市政公用等公共事业需要用地

D. 保障性安居工程建设需要用地

① 答案:ABCD。

笔记区

45. 成片开发土地征收应当符合何种条件？

案例

2022年1月，某市人民政府发布了《2022-01号土地征收成片开发方案（征求意见稿）》。该征求意见稿指出：（1）该开发方案主要涉及一个街道和两个镇，包括8个片区，片区总面积为601.3191公顷（成片开发范围以最终批复的为准）；（2）方案目的为合理规划和配置资源，在科学规划片区范围的基础上，保障片区公共利益属性，坚持秉承科学性与公益性两步进行，完善市政基础设施、增加就业岗位、提升公共服务水平，保障社会民生；（3）片区内公共管理与公共服务设施用地、绿地与广场用地、道路与交通设施用地、公用设施用地、保障性安置住房用地属于公益性用地。公益性用地占总用地面积的40%。有市民认为，该方案里面规划了大量的写字楼和住宅，不符合公共利益的需要。那么该开发方案是否合法？

法律分析

前文提到，2019年修正的《中华人民共和国土地管理法》第45条第1款采用"列举+概括"方式规定了6种情形，其中第5种情形是"在土地利用总体规划确定的城镇

笔记区

建设用地范围内,经省级以上人民政府批准由县级以上地方人民政府组织实施的成片开发建设需要用地的”。“成片开发”的本质是一种综合开发。比如,经济开发区,因为产业(群)的集聚可以降低仓储、交通、物流、信息沟通等各种交易和产生成本,但这种土地开发不仅需要集中提供公共基础设施、公共服务(例如,水电气暖设施,道路、管网,污水、废气、危险废物集中处置设施,以及其他基础设施等),而且需要建设厂房、创业社区、人才房等设施,因此也需要进行成片开发。

成片开发因为征地规模大,涉及群众利益广,《中华人民共和国土地管理法》对其进行了严格的限制。2020 年自然资源部印发的《土地征收成片开发标准(试行)》对成片开发的概念进行了界定,明确了成片开发的条件,并明确了不得批准土地征收成片开发方案的具体情形。因此,是否满足成片开发征收的条件,需对照自然资源部设定的标准进行判断。

知识链接

自然资源部《土地征收成片开发标准(试行)》

三、……土地征收成片开发方案应当包括下列内容:

(一)成片开发的位置、面积、范围和基础设施条件等基本情况;

笔记区

（二）成片开发的必要性、主要用途和实现的功能；

（三）成片开发拟安排的建设项目、开发时序和年度实施计划；

（四）依据国土空间规划确定的一个完整的土地征收成片开发范围内基础设施、公共服务设施以及其他公益性用地比例；

（五）成片开发的土地利用效益以及经济、社会、生态效益评估。

……

县级以上地方人民政府编制土地征收成片开发方案时，应当充分听取人大代表、政协委员、社会公众和有关专家学者的意见。

四、土地征收成片开发方案应当充分征求成片开发范围内农村集体经济组织和农民的意见，并经集体经济组织成员的村民会议三分之二以上成员或者三分之二以上村民代表同意。未经集体经济组织的村民会议三分之二以上成员或者三分之二以上村民代表同意，不得申请土地征收成片开发。

五、省级人民政府应当组织人大代表、政协委员和土地、规划、经济、法律、环保、产业等方面的专家组成专家委员会，对土地征收成片开发方案的科学性、必要性进行论证。论证结论应当作为批准土地征收成片开发方案的重要依据。

笔记区

六、有下列情形之一的,不得批准土地征收成片开发方案:

(一)涉及占用永久基本农田的;

(二)市县区域内存在大量批而未供或者闲置土地的;

(三)各类开发区、城市新区土地利用效率低下的;

(四)已批准实施的土地征收成片开发连续两年未完成方案安排的年度实施计划的。

纠纷解决技巧

《中华人民共和国土地管理法》建立的成片开发征收制度,体现了以人民为中心的理念,注重保护耕地、维护农民合法权益和生态环境保护,可以促进国内不同区域之间的协调发展和共同富裕,符合经济社会可持续发展的要求。但在具体实施的过程中,地方政府不能自行决定是否适用该项制度,而必须根据《中华人民共和国土地管理法》和《土地征收成片开发标准(试行)》的规定,报请地方人大讨论并由省级人民政府审批。在具体的工作中,“法律明白人”应引导广大村民认真对照法律的规定,研究涉及自身的成片开发征收决定的合法性。

笔记区

试题

土地征收成片开发方案应当充分征求成片开发范围内农村集体经济组织和农民的意见,并满足下列(　　)[1]的条件。

A. 全体成员同意

B. 村民会议 2/3 以上成员同意

C. 半数成员同意

D. 1/2 以上村民代表同意

① 答案:B。

笔记区

▶ 46. 征收集体土地，是否必须获得省级人民政府或国务院批准？

案例

某房地产公司与A乡人民政府约定，合作开发该乡80余亩的集体土地（其中50亩属于未利用地，30亩属于承包地）。房地产公司出资金，乡人民政府负责征收农民土地，用于建造别墅。王某等10个承包户认为乡人民政府进行的土地征收是违法的。开发别墅不属于公共利益，不符合征收的要求；他们所拥有的承包地是农用地，乡（镇）人民政府要征收，必须获得国务院的批文，没有批文就是违法的；即使有国务院的批文，也应当给被征收人公平合理的补偿，不能按照每亩3万元的标准进行补偿。乡人民政府没有对王某等10个承包户的异议进行答复，准备强制执行征收决定，王某等将乡人民政府告上了法庭。

法律分析

征地审批只能由国务院和省级人民政府负责。有批准权的人民政府应当对征收土地的必要性、合理性、是否符合《中华人民共和国土地管理法》第45条规定的公共利益需要情形，以及是否符合法定程序进行审查。本案例中，乡人

笔记区

民政府无权批准土地征收，乡人民政府有关建造别墅区的批文是无效的。首先，如果王某等10个承包户的土地属于永久性基本农田，则必须经过国务院批准。其次，如果该建设项目不占用永久性基本农田，那么土地征收也需要经过省级人民政府的批准，而不能由乡级人民政府自行决定；最后，在国务院2020年3月印发的《关于授权和委托用地审批权的决定》（国发〔2020〕4号）中，国务院曾经将法律授予的征收审批权委托给北京、天津、上海、江苏、浙江、安徽、广东、重庆等省（自治区、直辖市）人民政府行使，试点期限为1年。但因为该试点到期之后没有续期，因此目前上述省（自治区、直辖市）人民政府也不再具有办理国务院征地审批事项的权力。

知识链接

《中华人民共和国土地管理法》第七十九条　无权批准征收、使用土地的单位或者个人非法批准占用土地的，超越批准权限非法批准占用土地的，不按照土地利用总体规划确定的用途批准用地的，或者违反法律规定的程序批准占用、征收土地的，其批准文件无效，对非法批准征收、使用土地的直接负责的主管人员和其他直接责任人员，依法给予处分；构成犯罪的，依法追究刑事责任。非法批准、使用的土地应当收回，有关当事人拒不归还的，以非法占用土地论处。

非法批准征收、使用土地，对当事人造成损失的，依法

笔记区

应当承担赔偿责任。

纠纷解决技巧

自 1998 年以来,《中华人民共和国土地管理法》一直规定集体土地征收如果涉及农业用地转为建设用地,就必须由省级人民政府或国务院批准。如果已经是建设用地,则需要由市(县)级人民政府批准进行建设。乡级人民政府并没有直接征收集体土地的权力。自 2019 年《中华人民共和国土地管理法》再次修正以来,如果乡级人民政府希望大力发展本地经济,可以研究集体经营性建设用地入市的具体规定,并根据该规定所设定的权限和程序来引导集体合理开发和利用土地。不过,即使在集体经营性建设用地入市制度中,涉及农业用地转为建设用地的,也须由省级人民政府或国务院批准,同时,具体的入市方案应当由集体经济组织提出,并经过县级人民政府审核同意,乡级人民政府无权单独作出出让决定。

试题

征收永久基本农田以外的耕地超过 35 公顷的,需要由(　　)[①]批准?

A. 省级人民政府　　B. 国务院

C. 自然资源部　　D. 省级土地管理部门

---

① 答案:B。

笔记区

▶ 47. 土地征收的公告制度是如何规定的？

案例

在 2021 年 9 月的一起诉讼中，甲村村民刘某认为，县人民政府没有依法发布征收公告。因为公告应当在村公示栏张贴，但自己没有在公示栏中看到相关信息。某县人民政府答辩称，其委托甲村村委会在 2021 年 4 月 1 日至 10 日发布了《××征地预公告》，该公告中明确了土地征收范围包括甲村，并包含征收目的、开展土地现状调查的安排等相关内容，当时该公告发布在了甲村的村公示栏。为此，县人民政府提供了一张由甲村村干部拍摄的照片作为证据。法庭在审理的过程中发现，县人民政府提供的照片中确实有一张《××征地预公告》，但是照片没有其他参照物，不能确定是不是张贴在甲村的村公示栏。另外，该照片显示其拍照时间是 2021 年 4 月 5 日，也不能显示其至 4 月 10 日是否仍在张贴中，因此判定县人民政府的公告行为违法。

法律分析

在 2019 年《中华人民共和国土地管理法》修正之前，集体土地征收制度施行“两公告”制度，且两次公告都须在省级人民政府或国务院批准征地之后进行。为了更好地保障被征收人的知情权、参与权、表达权和监督权,2019 年修正的《中华人民共和国土地管理法》和 2021 年修订的《中华人民共和国土地管理法实施条例》对征地程序作出了调整,建立了“三公告”制度。具体来说:(1)“土地征收预公告”是土地征收程序正式启动的标志。预公告的内容应当包括:征收范围、征收目的、开展土地现状调查的安排等内容。公告期限不少于 10 个工作日。(2)“征地补偿安置方案公告”是告知被征收人对本次征收政府初步确定的补偿标准。该公告应在拟征收土地所在的乡(镇)和村、村民小组范围内公告至少 30 日,遇有法定节假日的,自动顺延。(3)“征收土地公告”是在收到省级人民政府或国务院批准文件之日起 15 个工作日内,县级以上地方人民政府在拟征收土地所在的乡(镇)和村、村民小组范围内发布,主要是公布征收范围、征收时间等具体工作安排。就公告发布时间而言,“土地征收预公告”和“征地补偿安置方案公告”两份公告都应当在向省级人民政府或国务院提出征地申请之前发布。

就制度功能而言,三种“公告”的功能各不相同:(1)“土地征收预公告”除具有告知之功能外,还承担防止被征收人抢栽抢建的功能。《中华人民共和国土地管理法实施条例》第 26 条第 2 款规定,“……自征收土地预公告

笔记区

发布之日起，任何单位和个人不得在拟征收范围内抢栽抢建；违反规定抢栽抢建的，对抢栽抢建部分不予补偿”。(2)“征地补偿安置方案公告”的制度功能主要是听取被征收人对补偿安置方案的意见，所以《中华人民共和国土地管理法实施条例》规定，征地补偿安置公告应当同时载明办理补偿登记的方式和期限、异议反馈渠道等内容。多数被征地的农村集体经济组织成员认为拟定的征地补偿安置方案不符合法律、法规规定的，县级以上地方人民政府应当组织听证。(3)“征收土地公告”实际上承担着征收决定的功能，该公告的发布标志征收决定正式作出并进入实施阶段。

知识链接

《中华人民共和国土地管理法实施条例》

第二十六条第一款和第二款 需要征收土地，县级以上地方人民政府认为符合《土地管理法》第四十五条规定的，应当发布征收土地预公告，并开展拟征收土地现状调查和社会稳定风险评估。

征收土地预公告应当包括征收范围、征收目的、开展土地现状调查的安排等内容。征收土地预公告应当采用有利于社会公众知晓的方式，在拟征收土地所在的乡（镇）和村、村民小组范围内发布，预公告时间不少于十个工作

笔记区

日。自征收土地预公告发布之日起,任何单位和个人不得在拟征收范围内抢栽抢建;违反规定抢栽抢建的,对抢栽抢建部分不予补偿。

第二十八条 征地补偿安置方案拟定后,县级以上地方人民政府应当在拟征收土地所在的乡(镇)和村、村民小组范围内公告,公告时间不少于三十日。

征地补偿安置公告应当同时载明办理补偿登记的方式和期限、异议反馈渠道等内容。

多数被征地的农村集体经济组织成员认为拟定的征地补偿安置方案不符合法律、法规规定的,县级以上地方人民政府应当组织听证。

第三十一条 征收土地申请经依法批准后,县级以上地方人民政府应当自收到批准文件之日起十五个工作日内在拟征收土地所在的乡(镇)和村、村民小组范围内发布征收土地公告,公布征收范围、征收时间等具体工作安排,对个别未达成征地补偿安置协议的应当作出征地补偿安置决定,并依法组织实施。

纠纷解决技巧

集体土地征收因涉及村民的土地和房屋,相关的法律纠纷较多。从法律规定来看,市(县)级人民政府是征收公告的主体,但在实践中,政府可能会委托乡(镇)人民政府

笔记区

或村委会具体实施。这种委托是合法的,但受委托单位所从事的法律行为的后果由市(县)级人民政府承担。在接受市(县)级人民政府委托、村干部张贴相关公告之后,应当通过录像、拍照等方式将相关证据固定下来,以证明其张贴的地点、时间和时长符合法律强制性规定。否则在庭审中可能会因为证据不足而败诉。另外,为了避免发生类似纠纷,县级以上地方人民政府应当结合当地实际情况,尽量在村内公告栏、电子屏等醒目处以书面形式公告,也可以将征收范围、补偿标准、安置方式等重要内容印制成小册子向每户村民发放,以达到全面、精准告知。

试题

征收土地预公告应当采用有利于社会公众知晓的方式,在拟征收土地所在的乡(镇)和村、村民小组范围内发布,预公告时间不少于(　　)①个工作日。

A. 10　　B. 20

C. 30　　D. 35

① 答案:A。

笔记区

▶ 48. 集体土地征收时,补偿的范围和类型包括哪些?

案例

为了公共利益的需要,某县人民政府拟征收A村100亩集体土地,其中有30亩为宅基地。在与A村村民董某签订征地安置补偿协议时,董某提出该征收将导致他们一家人无处居住,为此提出两项要求:其一,为其先提供一套可以直接入住的安置房;其二,对自己为儿子结婚所建的房屋也应当予以补偿。否则,拒绝签署该安置补偿协议。县人民政府工作人员同意董某提出的第一项要求,并提供了若干安置房供其选择。但不同意董某提出的第二项要求,因为工作人员发现,董某为其儿子修建的自建房,未经任何部门批准,未办理任何手续,是违法建筑。另外,董某的儿子才十多岁,该自建房无人长期居住。最后,工作人员将相关法律规定一一向董某进行讲解后,董某不再坚持第二项诉求,选择了一套满意的安置房,并签署了征地安置补偿协议。

法律分析

根据《中华人民共和国土地管理法》的规定,土地征收

笔记区

补偿费用包括四部分:(1)土地补偿费和安置补助费,其补偿标准由省级人民政府通过制定公布区片综合地价确定;(2)地上附着物及青苗费的补偿费,该补偿标准也由省级人民政府制定;(3)被征地农民的社会保障费用;(4)因征收造成的搬迁、临时安置等费用。《中华人民共和国土地管理法》就农民住宅安置进行了专门的规定,该法明确规定,对于农村村民住宅,应当按照先补偿后搬迁、居住条件有改善的原则,尊重农村村民意愿,采取重新安排宅基地建房、提供安置房或者货币补偿等方式给予公平、合理的补偿。对住宅补偿安置的方式,考虑各地实际情况不同,可以采取重新安排宅基地建房、提供安置房、货币补偿等多种方式。比如,在建设用地指标比较充裕的地区,可以重新安排宅基地;在土地资源紧张的地区,可以通过建设安置房进行集中安置;对已经不需要提供住房的农民,可以通过货币方式进行补偿。不论采取何种补偿安置方式,都应当在充分尊重农民意愿的前提下进行。在本案中,村民董某要求"先补偿后搬迁"是符合法律规定的,但征收补偿的范围仅限于合法的住房财产,董某为其未成年儿子结婚所建的房屋,违反了《中华人民共和国土地管理法》等相关法律法规的禁止性规定,属于违法建筑,不符合《中华人民共和国土地管理法》中应当予以补偿的合法的住房财产,对该房产不应进行补偿。

知识链接

笔记区

《中华人民共和国土地管理法》

第四十八条第一款、第四款和第五款 征收土地应当给予公平、合理的补偿，保障被征地农民原有生活水平不降低、长远生计有保障。

征收农用地以外的其他土地、地上附着物和青苗等的补偿标准，由省、自治区、直辖市制定。对其中的农村村民住宅，应当按照先补偿后搬迁、居住条件有改善的原则，尊重农村村民意愿，采取重新安排宅基地建房、提供安置房或者货币补偿等方式给予公平、合理的补偿，并对因征收造成的搬迁、临时安置等费用予以补偿，保障农村村民居住的权利和合法的住房财产权益。

县级以上地方人民政府应当将被征地农民纳入相应的养老等社会保障体系。被征地农民的社会保障费用主要用于符合条件的被征地农民的养老保险等社会保险缴费补贴。被征地农民社会保障费用的筹集、管理和使用办法，由省、自治区、直辖市制定。

第四十九条 被征地的农村集体经济组织应当将征收土地的补偿费用的收支状况向本集体经济组织的成员公布，接受监督。

禁止侵占、挪用被征收土地单位的征地补偿费用和其他有关费用。

笔记区

纠纷解决技巧

土地征收补偿的对象仅限于合法财产，土地征收不能将违法建筑合法化。“法律明白人”在具体工作中，应当引导广大村民严格按照《中华人民共和国土地管理法》规定的征地补偿的范围和类型来申请补偿。对应当给予补偿的，确因征收造成的合法、合理的损失，要积极争取；对超出补偿范围的，如本案中的违法建筑，则不得要求补偿。政府在补偿的过程中也需要依法行政，不能超出法律的规定进行补偿，否则将违反国家的法律和财政规定。

试题

集体土地征收补偿时，补偿费用的类型包括哪些？(　　)①

A. 土地补偿费

B. 安置补助费

C. 地上附着物补偿费用

D. 社会保障费用

---

① 答案：ABCD。

笔记区

▶ 49. 征收补偿中的区片综合地价如何确定?

案例

某县级人民政府拟征收甲村集体土地。在看到征地补偿安置方案公告中公布的补偿标准时,甲村村民李某产生了疑惑。其相邻县的亲戚马某所在村的征地补偿中的区片综合地价就比甲村高很多。那么,区片综合地价是如何确定的?是否有统一标准?可到哪里查询?

法律分析

2019 年修正的《中华人民共和国土地管理法》对征地补偿标准计算方式作出了重大改变,统一采取“区片综合地价”的方式确定土地补偿费和安置补助费。该法第 48 条规定,省级人民政府统一确定该省各区域的征收土地的区片综合地价。确定区片综合地价时,应当综合考虑土地原用途、土地资源条件、土地产值、土地区位、土地供求关系、人口以及经济社会发展水平等因素,并至少每三年调整或者重新公布一次。2020 年之后,全国各省(自治区、直辖市)陆续公布了本省的区片综合地价。从各省的公布情况来看,区片综合地价的标准设定,首先是对相关行政区域进行“划片”,可以将本省各区域设置为 3 ~ 4 类地区,然

笔记区

后分别为每类地区设定不同的地价标准。有些经济发展比较均衡的市县，整个市或县辖区都属于同一类地区；有些经济发展不均衡的市县则可能有数个地区。所以，就会出现同一县域之内不同地区的区片综合地价补偿标准并不相同的结果。2021 年 7 月，自然资源部门户网站“公开栏”板块专门开设了“全国征地区片综合地价信息公开”栏目，想要了解本地各地区区片综合地价标准，可以在该门户网站查询（网址：http://gsgk.mnr.gov.cn/），也可在各省（自治区、直辖市）的省级征地信息公开平台点击关联链接查询。

知识链接

《中华人民共和国土地管理法实施条例》第三十二条　省、自治区、直辖市应当制定公布区片综合地价，确定征收农用地的土地补偿费、安置补助费标准，并制定土地补偿费、安置补助费分配办法。

地上附着物和青苗等的补偿费用，归其所有权人所有。

社会保障费用主要用于符合条件的被征地农民的养老保险等社会保险缴费补贴，按照省、自治区、直辖市的规定单独列支。

申请征收土地的县级以上地方人民政府应当及时落实

笔记区

土地补偿费、安置补助费、农村村民住宅以及其他地上附着物和青苗等的补偿费用、社会保障费用等,并保证足额到位,专款专用。有关费用未足额到位的,不得批准征收土地。

纠纷解决技巧

在具体的工作中,首先,“法律明白人”应将区片综合地价的查询方法告知被征地农民,做好相关介绍解答和宣传工作;其次,要注意上述区片综合地价并不包括法律规定用于社会保险缴费补贴的被征地农民社会保障费用、地上附着物和青苗等的补偿费用,而仅是土地补偿费和安置补助费的确定标准;最后,土地补偿费是补偿给土地所有权人的,即这笔钱是直接支付给集体的,但集体土地属于集体成员集体所有,因此集体收到这笔钱后,应该根据各省级人民政府的规定在集体以及集体成员之间进行合理分配。

试题

下列主体,(　　)①应当制定公布区片综合地价,确定征收农用地的土地补偿费、安置补助费标准,并制定土地补偿费、安置补助费分配办法。

A. 国务院　　B. 自然资源部

C. 省、自治区、直辖市人民政府　　D. 县级人民政府

① 答案:C。

笔记区

▶ 50. 对征地补偿安置方案有异议，如何申请听证？

案例

甲县人民政府拟征收A村集体土地，进行了土地征收预公告，并在15天后组织有关部门和专业技术人员开展了土地利用现状调查，开展了社会稳定风险评估。根据社会稳定风险评估结果，甲县人民政府拟定了征地补偿安置方案，并在A村所在的乡人民政府门户网站和A村、村民小组范围公告栏张贴《A村征地补偿安置方案公告》，明确了此次征收的范围、土地现状、征收目的、补偿方式和标准、安置对象、安置方式、社会保障等内容，并载明办理补偿登记的方式和期限，如认为拟定的征地补偿安置方案不符合法律、法规规定，可以提出听证申请。方案公告后，村民刘某等人认为，该方案中征地补偿标准等部分内容不符合法律规定，想申请听证，但不知具体如何申请。

法律分析

《中华人民共和国土地管理法实施条例》第28条和第29条规定，征地补偿安置方案拟定后，县级以上地方人民政府应当在拟征收土地所在的乡(镇)和村、村民小组范围

笔记区

内公告，公告时间不少于30日。征地补偿安置公告应当同时载明办理补偿登记的方式和期限、异议反馈渠道等内容。多数被征地的农村集体经济组织成员认为拟定的征地补偿安置方案不符合法律、法规规定的，县级以上地方人民政府应当组织听证。也只有经过该项听证之后，县级以上地方人民政府才可以先根据法律、法规规定和听证会等情况确定征地补偿安置方案，再组织有关部门与拟征收土地的所有权人、使用权人签订征地补偿安置协议。关于听证的具体要求，自然资源部2020年3月修正的《自然资源听证规定》规定，拟定拟征地项目的补偿标准和安置方案的，自然资源主管部门在报批之前，应当书面告知当事人有要求举行听证的权利。当事人要求听证的，自然资源主管部门应当组织听证。具体办理听证事务的自然资源部门法制工作机构为听证机构；但实施需要报政府批准的事项，可以由政府经办机构作为听证机构。当事人应当在告知后5个工作日内向听证机构提出书面申请，逾期未提出的，视为放弃听证。从上述规定来看，《中华人民共和国土地管理法实施条例》第28条所规定的“多数被征地的农村集体经济组织成员”应当被理解为3位以上被征地的农村集体经济组织成员，其要求听证的，县级以上地方人民政府就应当组织听证。

笔记区

知识链接

《中华人民共和国土地管理法实施条例》第二十八条

征地补偿安置方案拟定后,县级以上地方人民政府应当在拟征收土地所在的乡(镇)和村、村民小组范围内公告,公告时间不少于三十日。

征地补偿安置公告应当同时载明办理补偿登记的方式和期限、异议反馈渠道等内容。

多数被征地的农村集体经济组织成员认为拟定的征地补偿安置方案不符合法律、法规规定的,县级以上地方人民政府应当组织听证。

自然资源部《自然资源听证规定》(2020年修正)

第十九条 有下列情形之一的,主管部门在报批之前,应当书面告知当事人有要求举行听证的权利:

(一)拟定拟征地项目的补偿标准和安置方案的;

(二)拟定非农业建设占用永久基本农田方案的。

……

第二十一条 当事人应当在告知后5个工作日内向听证机构提出书面申请,逾期未提出的,视为放弃听证;但行政处罚听证的时限为3个工作日。放弃听证的,应当书面记载。

纠纷解决技巧

政府发布征地补偿安置方案公告的目的,主要是听取

笔记区

被征收土地的农村集体经济组织和农民对征地补偿安置工作的意见，及时了解被征地农村集体经济组织和村民的需求和疑惑，提前进行答疑释惑。由于在省级人民政府或国务院批准征地前，市（县）级人民政府拟定的《征地补偿安置方案》本身并不会对被征地农民权利义务产生实质影响，因此此时无法通过行政复议、行政诉讼等方式进行救济，但是可以依法申请对《征地补偿安置方案》进行听证。在具体的工作中，“法律明白人”可以引导广大村民积极申请听证，通过该法律制度来化解可能出现的误解或纠纷，推动土地征收制度依法有序推进。关于具体的听证程序和其他要求，可以通过查阅自然资源部 2020 年修正的《自然资源听证规定》进行查询和了解。

试题

拟定拟征地项目的补偿标准和安置方案，主管部门书面告知当事人有要求举行听证的权利的，当事人应当在告知后（　　）①个工作日内向听证机构提出书面申请，逾期未提出的，视为放弃听证。

A. 10　　B. 5　　C. 3　　D. 15

① 答案：B。

笔记区

▶ 51. 土地征收时，征地补偿款何时支付？

案例

2020年8月和9月，为了扩大本地高中的校区，某县人民政府先后在政府网站和甲村村公告栏发布和张贴了《征收预公告》和《征地补偿安置方案公告》。两份公告依法载明了征收目的、征收范围、进行土地利用现状调查的具体方案，以及补偿方式和标准、安置对象、安置方式、社会保障等内容。甲村村民刘某同意县人民政府在《征地补偿安置方案公告》提出的补偿方式和标准，但是在办理补偿登记和签订补偿协议的时候，其提出只有县人民政府答应现场将补偿款支付到其银行卡，他才签字。县人民政府的工作人员告诉刘某，2019年《中华人民共和国土地管理法》修正后，县人民政府只有将这些补偿协议连同相关材料提交到省人民政府，待省人民政府作出征地批复，然后县人民政府再次发布正式的征收公告时，才能将补偿款支付给他。

法律分析

前文提到，只有获得省级人民政府或国务院的批准后，市(县)级人民政府才能正式实施土地征收。但是2019

笔记区

年《中华人民共和国土地管理法》修正之后，市（县）级人民政府要想获得省级人民政府或国务院的征地批准，必须先与拟征收土地的所有权人、使用权人签订安置补偿协议。如果“个别确实难以达成协议的，应当在申请征收土地时如实说明”。这一方面意味着，没有获得省级人民政府或国务院的批准，市（县）级人民政府的征地行为是违法的；另一方面，意味着市（县）级人民政府与土地的所有权人、使用权人签订的补偿协议是一个“附条件生效的合同”。“条件”就是获得省级人民政府或国务院的批准。如果市（县）级人民政府提出的征收申请最终没有获得省级人民政府或国务院的批准，那么相关安置补偿合同是不能生效的，征收行为也就自动终止了。基于这种制度安排，市（县）级人民政府确实不能在签订补偿协议的时候，将补偿款直接支付给土地的所有权人、使用权人。

不过，为确保市（县）级人民政府有足够的财政能力来支付补偿协议，《中华人民共和国土地管理法》规定，市（县）级人民政府在向省级人民政府或国务院申请征收时，需提供存款证明来保证其有足额的资金用于征地补偿。

知识链接

《中华人民共和国土地管理法》第四十七条第四款、第五款 拟征收土地的所有权人、使用权人应当在公告规定

笔记区

期限内,持不动产权属证明材料办理补偿登记。县级以上地方人民政府应当组织有关部门测算并落实有关费用,保证足额到位,与拟征收土地的所有权人、使用权人就补偿、安置等签订协议;个别确实难以达成协议的,应当在申请征收土地时如实说明。

相关前期工作完成后,县级以上地方人民政府方可申请征收土地。

《中华人民共和国土地管理法实施条例》第六十四条 贪污、侵占、挪用、私分、截留、拖欠征地补偿安置费用和其他有关费用的,责令改正,追回有关款项,限期退还违法所得,对有关责任单位通报批评、给予警告;造成损失的,依法承担赔偿责任;对直接负责的主管人员和其他直接责任人员,依法给予处分。

纠纷解决技巧

《中华人民共和国土地管理法》2019 年修正之后,市(县)级人民政府虽然也是在最终的土地征收公告发布之后才可以拨付补偿款,但法律要求市(县)级人民政府需先与被征收人签订征收补偿协议,然后才能报送省级人民政府或国务院批准。之所以作出这样的制度安排,主要是希望市(县)级人民政府可以证明被征收的土地所有权人和土地使用权人基本都是同意地方政府提出的安置补偿方

笔记区

案的。所以该项制度的功能是保障被征收人的知情权及能够获得足额的补偿款。在实践中,可能会存在被征收人因为误解或其他原因不愿意签署补偿协议等情形,对此,《中华人民共和国土地管理法》并不要求市(县)级人民政府在报批之前必须与每个被征收人签订补偿协议。如果“个别确实难以达成协议的”,市(县)级人民政府应当在向省级人民政府或国务院申请征收土地时如实说明。征收土地申请经依法批准后,市(县)级人民政府在发布征收土地公告的同时,对个别未达成征地补偿安置协议的被征收人也应当作出征地补偿安置决定,并依法组织实施。

试题

市(县)级人民政府何时拨付土地征收补偿款?(　　)①

A. 签订补偿协议时

B. 发布征收预公告时

C. 发布土地征收正式公告时

D. 依法办理补偿登记时

① 答案:C。

笔记区

52. 非法侵占征地补偿款需要承担哪些法律责任?

案例

2016年6月,某村部分土地被征收。某村村委会主任甲某作为政府土地征收工作组成员,利用职权便利,伪造与村委会土地租赁协议的方式虚构土地征收补偿项目,骗取土地征收补偿费用120万元。同时,其还利用职务之便贪污该村6名村民的青苗补偿费15万元、安置补偿费150万元。2019年,甲某担心自己的骗取和冒领行为被发现,欲携款外逃,结果被依法抓获。甲某被检察院提起公诉,依法被判处10年有期徒刑,并处没收全部违法所得。

法律分析

《中华人民共和国土地管理法》规定,非法侵占征地补偿费的情形,主要包括贪污、侵占、挪用、私分、截留、拖欠等情形。对上述情形的,《中华人民共和国土地管理法实施条例》第64条设定的处理办法是:首先,责令改正,追回有关款项,限期退还违法所得;其次,对有关责任单位通报批评、给予警告,造成损失的,依法承担赔偿责任;最后,对直接负责的主管人员和其他直接责任人员,依法给予处

笔记区

分,这里的处分既包括政务处分,也包括刑事追责。在上述案例中,甲某从事协助政府清查登记、核准征收土地等行政管理工作,属于国家工作人员,主观上又具有非法占有土地征收补偿费用、青苗补偿费和安置补偿费的故意,因此其行为构成贪污罪。

根据最高人民法院、最高人民检察院 2016 年通过的《关于办理贪污贿赂刑事案件适用法律若干问题的解释》的规定:(1)贪污数额在 3 万元以上不满 20 万元的,应当认定为《中华人民共和国刑法》第 383 条第 1 款规定的"数额较大",依法判处 3 年以下有期徒刑或者拘役,并处罚金。(2)贪污数额在 20 万元以上不满 300 万元的,应当认定为《中华人民共和国刑法》第 383 条第 1 款规定的"数额巨大",依法判处 3 年以上 10 年以下有期徒刑,并处罚金或者没收财产。(3)贪污数额在 300 万元以上的,应当认定为《中华人民共和国刑法》第 383 条第 1 款规定的"数额特别巨大",依法判处 10 年以上有期徒刑、无期徒刑或者死刑,并处罚金或者没收财产。在本案中,甲某的贪污金额达到 285 万元,因此被判处 10 年有期徒刑,并没收全部违法所得。挪用征地补偿款行为的刑事责任适用《刑法》第 384 条挪用公款罪的规定。私分、截留征地补偿款行为则构成职务侵占罪,可适用《中华人民共和国刑法》第 271 条第 1 款的规定追究刑事责任。

笔记区

知识链接

《中华人民共和国刑法》

第二百七十一条第一款　【职务侵占罪】公司、企业或者其他单位的工作人员，利用职务上的便利，将本单位财物非法占为已有，数额较大的，处三年以下有期徒刑或者拘役，并处罚金；数额巨大的，处三年以上十年以下有期徒刑，并处罚金；数额特别巨大的，处十年以上有期徒刑或者无期徒刑，并处罚金。

第三百八十三条第一款、第二款、第三款　【对犯贪污罪的处罚规定】对犯贪污罪的，根据情节轻重，分别依照下列规定处罚：（一）贪污数额较大或者有其他较重情节的，处三年以下有期徒刑或者拘役，并处罚金。（二）贪污数额巨大或者有其他严重情节的，处三年以上十年以下有期徒刑，并处罚金或者没收财产。（三）贪污数额特别巨大或者有其他特别严重情节的，处十年以上有期徒刑或者无期徒刑，并处罚金或者没收财产；数额特别巨大，并使国家和人民利益遭受特别重大损失的，处无期徒刑或者死刑，并处没收财产。

对多次贪污未经处理的，按照累计贪污数额处罚。

犯第一款罪，在提起公诉前如实供述自己罪行、真诚悔罪、积极退赃，避免、减少损害结果的发生，有第一项规定情形的，可以从轻、减轻或者免除处罚；有第二项、第三项规定情形的，可以从轻处罚。

第三百八十四条第一款　【挪用公款罪】国家工作人

员利用职务上的便利,挪用公款归个人使用,进行非法活动的,或者挪用公款数额较大、进行营利活动的,或者挪用公款数额较大、超过三个月未还的,是挪用公款罪,处五年以下有期徒刑或者拘役;情节严重的,处五年以上有期徒刑。挪用公款数额巨大不退还的,处十年以上有期徒刑或者无期徒刑。

纠纷解决技巧

集体土地征收过程中的土地补偿款是集体的资产,安置补助费、青苗补偿费、房屋补偿费以及其他地上附着物补偿费是补偿给个人或承包户的,不能贪污、侵占、挪用、私分、截留。通过虚构土地征收补偿项目,骗取土地征收补偿费用,则侵犯了国家的财产权,也会被追究刑事责任。

试题

贪污、侵占、挪用、私分、截留、拖欠征地补偿安置费用和其他有关费用的,有可能需要承担哪些责任?(　　)①

A. 通报批评　　B. 赔偿责任

C. 给予警告　　D. 有期徒刑

① 答案:ABCD。

笔记区

53. 对土地征收补偿不服，如何申请行政复议？

案例

A市是一个县级市，该市自然资源和规划局2019年10月25日向甲村送达《征地安置补偿公告》，并于同日在村委宣传栏、主要交通路口张贴。2019年12月15日，A市向省人民政府提交了征地申请。2020年4月，省人民政府批准了该项征地申请。2020年6月，A市人民政府发布了《土地征收公告》，告知被征收土地范围内的土地所有权人、使用权人应在6月18日至7月1日，持土地权属证书或其他有关证明材料前往自然资源与规划局进行征地补偿登记。王某某等16户农户认为，新修正的《中华人民共和国土地管理法》已于2020年1月1日生效，根据修正后的法律，此次征地补偿标准应当适用省人民政府2020年5月发布的《关于公布××省征地区片综合地价最低标准的通知》规定的6.56万元/亩，而不是2019年的2.4万元/亩。A市人民政府认为，其是在2019年12月15日向省人民政府提交的征地申请，而且当时已经就补偿标准进行了听证，因此不适用2020年的补偿标准。王某某等16户农户不同意A市的意见，对省人民政府2020年4月作出的征地批复申请了行政复议。

法律分析

笔记区

现行法为当事人不服政府行政行为提供了两种救济渠道:行政复议和行政诉讼。行政复议的制度功能是,通过行政机关内部的再次审查来确定初始行政行为的合法性。根据《中华人民共和国行政复议法》第 30 条第 1 款的规定,认为对土地的所有权或使用权被行政机关的具体行政行为侵犯的,应当先申请行政复议,对行政复议决定不服的,才能提起行政诉讼。对地方各级人民政府的具体行政行为不服的,向上一级地方人民政府申请行政复议。其中,对省级人民政府的具体行政行为不服的,向该省人民政府申请行政复议。在本案中,A 市征收的是甲村土地,甲村的集体经济组织可以申请行政复议,房屋所有权、宅基地使用权、土地承包经营权的权利人也可以申请行政复议。A 市是一个县级市,如果王某某等 16 户农户对该市发布的《土地征收公告》不服,应当依法向管辖 A 市的地级市申请复议。如果王某某等 16 户农户对省级人民政府的征地批复不服,则应当向该省人民政府申请行政复议。如果复议之后依然不服的,可以向人民法院提起行政诉讼,也可以向国务院申请裁决,国务院作出的裁决是最终裁决。行政复议期间,土地征收决定原则上不停止执行,但是如果法律规定必须停止执行的,或者被申请人、行政复议机关认为需要

笔记区

停止执行的，以及申请人申请停止执行且行政复议机关认为其要求合理的，应当停止执行。

知识链接

《中华人民共和国行政复议法》

第九条 公民、法人或者其他组织认为具体行政行为侵犯其合法权益的，可以自知道该具体行政行为之日起六十日内提出行政复议申请；但是法律规定的申请期限超过六十日的除外。

因不可抗力或者其他正当理由耽误法定申请期限的，申请期限自障碍消除之日起继续计算。

第十三条第一款 对地方各级人民政府的具体行政行为不服的，向上一级地方人民政府申请行政复议。

第十四条 对国务院部门或者省、自治区、直辖市人民政府的具体行政行为不服的，向作出该具体行政行为的国务院部门或者省、自治区、直辖市人民政府申请行政复议。对行政复议决定不服的，可以向人民法院提起行政诉讼；也可以向国务院申请裁决，国务院依照本法的规定作出最终裁决。

第十九条 法律、法规规定应当先向行政复议机关申请行政复议、对行政复议决定不服再向人民法院提起行政诉讼的，行政复议机关决定不予受理或者受理后超过行政复议期限不作答复的，公民、法人或者其他组织可以自收到不予受理决定书之日起或者行政复议期满之日起十五日内,依法向人民法院提起行政诉讼。

笔记区

第三十一条第一款 行政复议机关应当自受理申请之日起六十日内作出行政复议决定;但是法律规定的行政复议期限少于六十日的除外。情况复杂,不能在规定期限内作出行政复议决定的,经行政复议机关的负责人批准,可以适当延长,并告知申请人和被申请人;但是延长期限最多不超过三十日。

纠纷解决技巧

2021年《中华人民共和国土地管理法实施条例》修订之后,被征收人对征收补偿(包括对征收决定的合理性、必要性、补偿方案、方式和标准等)不服的,都可以直接依法申请行政复议。行政复议制度具有程序相对简单、审理期限短、纠纷解决快等特点,因此随着该项制度的优化和完善,也可以发挥纠纷解决主渠道功能。

试题

农村村民对土地征收补偿不服,申请行政复议的,行政复议机关应当自受理申请之日起(　　)①日内作出行政复议决定。

A. 60　　B. 45　　C. 30　　D. 15

① 答案:A。

笔记区

▶ 54. 对土地征收补偿不服，如何确定被告？

案例

2020年8月，某县人民政府发布了《土地征收公告》。张某某等5户农户认为该公告违法。依法提起行政复议之后，张某某等5户农户对复议结果依然不服，遂向人民法院提起行政诉讼。在案件审理过程中，法院指出，土地征地经过征地报批、征地审查、征地审核与批复、征地方案公告、征地补偿安置方案公告、征地补偿登记、补偿安置实施等程序，涉及县级以上人民政府、自然资源管理部门、省级人民政府等不同行政机关，张某某等人应当明确具体起诉其中的哪个具体行政行为，张某某等诉称"全部都诉"。法院认为，原告应当有明确诉讼请求和被告，就众多行政行为在一个案件中一并提起行政诉讼，不符合法律相关规定，因此驳回了其诉讼请求。法院同时指出，张某某等人如认为相关行政机关的行政行为侵犯其合法权益，应分别提起行政诉讼。

法律分析

根据《中华人民共和国行政诉讼法》第12条第1款第5项的规定，公民对征收、征用决定及其补偿决定不服的，

笔记区

可以依法提起行政诉讼。但是确实如法院所称,集体土地征收领域存在多个行政行为,而且多个行政行为是由不同的行政机关作出的,因此被征收人进行行政诉讼时,应当首先明确其是对该领域的何种行政行为不服,然后再根据该行为的作出主体来确定具体如何进行行政诉讼。如果当事人认为《土地征收公告》认定的事实与实际情况不符,那么应当起诉该公告的发布机关,并要求法院查明事实。如果当事人认为征收公告中所适用的法律是错误的,那么应当在律师的帮助下明确《土地征收公告》究竟违背了哪些法律规定,并根据这些法律规定的义务机关来确定被告。在集体土地征收补偿过程中,乡(镇)人民政府、市(县)人民政府、自然资源主管部门、省级人民政府乃至国务院都参与了其中某个或某几个环节,确实比较复杂。

最高人民法院 2018 年公布的《关于适用〈中华人民共和国行政诉讼法〉的解释》规定,行政机关作出的不产生外部法律效力的行为,行政机关为作出行政行为而实施的准备、论证、研究、层报、咨询等过程性行为,以及对公民、法人或者其他组织权利义务不产生实际影响的行为等,不属于人民法院行政诉讼的受案范围。就集体土地征收补偿而言,省级人民政府和国务院的土地征收审批行为其本质是内部行政行为,可以申请复议但原则上不能进行行政诉讼。自然资源主管部门的行为通常也是内部行政行为,不

笔记区

宜直接起诉。乡镇人民政府在征收决定的实施过程中协助市(县)级人民政府进行土地征收补偿,但是乡镇人民政府此时应当被理解为受市(县)级人民政府委托的机构,其无权以自己的名义发布征收公告或开展其他征收活动,因此也不宜作为行政诉讼的被告。当然,为了方便群众进行诉讼,《中华人民共和国行政诉讼法》和相关司法解释规定,以在对外发生法律效力的文书上署名的机关为被告。

知识链接

《中华人民共和国行政诉讼法》

第四十九条 提起诉讼应当符合下列条件:

(一)原告是符合本法第二十五条规定的公民、法人或者其他组织;

(二)有明确的被告;

(三)有具体的诉讼请求和事实根据;

(四)属于人民法院受案范围和受诉人民法院管辖。

第五十三条 公民、法人或者其他组织认为行政行为所依据的国务院部门和地方人民政府及其部门制定的规范性文件不合法,在对行政行为提起诉讼时,可以一并请求对该规范性文件进行审查。

最高人民法院《关于适用〈中华人民共和国行政诉讼法〉的解释》(法释〔2018〕1号)第十九条 当事人不服经

上级行政机关批准的行政行为，向人民法院提起诉讼的，以在对外发生法律效力的文书上署名的机关为被告。

笔记区

纠纷解决技巧

当集体经济组织和各类集体土地使用权人认为自己的合法权益在土地征收征用过程中被侵害的，可以依法通过行政诉讼寻求法律保护。不过，在具体的工作中，“法律明白人”应当引导广大村民通过认真研究法律或寻求律师、相关部门的帮助，充分了解相关法律法规，明确自己的诉求，依法维护自己的利益，切不可盲目诉讼。

试题

当事人不服经上级行政机关批准的土地征收审批行为，向人民法院提起诉讼的，以（　　）[①]为被告。

A. 上级行政机关

B. 在对外发生法律效力的法律文书上署名的机关的负责人

C. 下级行政机关

D. 在对外发生法律效力的法律文书上署名的机关

---

① 答案：D。

笔记区

55. 房屋拆迁主体不明，如何确定被告？

案例

韩某的房屋坐落于A市甲村，其《房屋所有权证》记载建筑面积为330.87平方米。2008年3月12日，省国土资源厅作出×土资函〔2008〕169号《省国土资源厅关于批准A市2007年度城中村第1批次建设用地的函》。2008年5月6日，A市人民政府根据该征地批复作出〔2008〕第46号《征收土地公告》，征收甲村等"城中村"10.9455公顷集体建设用地。韩某的房屋在征收范围内，2014年被拆除。韩某认为，A市人民政府在实施房屋强制拆除前，未履行任何法律程序，其行为违法，诉至法院，请求法院判决确认A市人民政府强制拆除其房屋违法。该案一审和二审法院认为，韩某提供的证据材料不能证明A市人民政府实施了拆除其房屋的行为，该诉请没有事实根据，依法应予驳回。韩某申请最高人民法院再审。

法律分析

《行政诉讼法》第26条第1款规定，公民、法人或者其他组织直接向人民法院提起诉讼的，作出行政行为的行政机关是被告。但是当某一行为的实施者并没有表明自己

笔记区

的身份或所属关系时,被告的确定往往需要依赖法律推定或事实推定。最高人民法院在 2018 年 8 月针对上述案件的再审裁定中认为,从本案的相关证据来看,省国土资源厅作出了 × 土资函〔2008〕169 号文,A 市人民政府根据该征地批复作出〔2008〕第 46 号《征收土地公告》。在这种情况下,除非 A 市人民政府确实能够举证证明韩某的房屋是在其不知情的情况由其他主体强制拆除,否则法院可以依据相关法律和事实,推定强制拆迁行为系 A 市人民政府或其委托的人实施的。而根据《中华人民共和国行政诉讼法》关于行政委托制度的规定,被委托人的行为后果由委托人承担,因此,无论是 A 市人民政府自行实施或是委托其他主体实施的,都应当将 A 市人民政府列为行政诉讼的被告。

知识链接

《中华人民共和国土地管理法实施条例》第三十一条

征收土地申请经依法批准后,县级以上地方人民政府应当自收到批准文件之日起十五个工作日内在拟征收土地所在的乡(镇)和村、村民小组范围内发布征收土地公告,公布征收范围、征收时间等具体工作安排,对个别未达成征地补偿安置协议的应当作出征地补偿安置决定,并依法组织实施。

《中华人民共和国行政诉讼法》第二十六条 公民、法

笔记区

人或者其他组织直接向人民法院提起诉讼的，作出行政行为的行政机关是被告。

经复议的案件，复议机关决定维持原行政行为的，作出原行政行为的行政机关和复议机关是共同被告；复议机关改变原行政行为的，复议机关是被告。

复议机关在法定期限内未作出复议决定，公民、法人或者其他组织起诉原行政行为的，作出原行政行为的行政机关是被告；起诉复议机关不作为的，复议机关是被告。

两个以上行政机关作出同一行政行为的，共同作出行政行为的行政机关是共同被告。

行政机关委托的组织所作的行政行为，委托的行政机关是被告。

……

纠纷解决技巧

从《中华人民共和国土地管理法》的规定来看，在得到省政府或国务院批复之后，县级以上地方人民政府的职责是依法组织实施征收而非亲自实施征收，所以在实践中，具体实施征收的主体类型有很多，比如拆迁指挥部、乡人民政府、村委会、拆迁公司等。因为实施主体的多元化，所以案例 54 提到，在土地征收和房屋拆迁的具体实施过程中，如果村民认为自己的合法权益受到侵害，原则上以在

笔记区

对外发生法律效力的文书上署名的机关为被告。不过,在实践中如果出现没有发布征收或拆迁公告房屋就被拆迁的情况,“法律明白人”首先应当引导当事人报警,请警方予以调查,是否属于因为公民私人纠纷引发。如果不属于,则可以分析是否属于当地政府在土地征收过程中实施的行为。从最高人民法院发布的裁判案例来看,如果确实有相关征地批复、征地预公告可以证明被拆房屋处于政府确定的征收范围内,则可以推定系当地市(县)级人民政府所为。当然,如果市(县)级人民政府有相反的证据可以证明被拆房屋系第三人所为,则可以除外。

试题

如果房屋被拆的实施主体不明,有下列哪些情况时,被拆迁人可以主张房屋被拆是当地市(县)级人民政府的征收行为(　　)①。

A. 已请警方就事实问题调查,不属于因公民私人纠纷引发

B. 省级人民政府就涉案房屋区域作出过征地批复

C. 市(县)级人民政府承认其是拆迁主体的声明

D. 征地预公告等材料显示涉案房屋处于征收范围之内

---

① 答案:ABD。

笔记区

▶ 56. 对土地征收补偿不服，哪些主体可以做原告？

案例

2020 年 3 月，某县征收办与 A 村村委会签订《征地补偿协议》，征收该村面积为 92.3 亩的未利用地。2020 年 5 月，该县自然资源局与某城建公司签订《国有建设用地使用权出让合同》，将上述土地有偿出让给城建公司使用，并办理了 70 年国有建设用地使用权证书。雷某等 286 名村民知悉后，于 2020 年 10 月以 A 村村集体的名义起诉，认为县征收办与 A 村村委会签订《征地补偿协议》，没有经过村民会议 2/3 以上的成员同意，也没有经过 2/3 村民代表同意，因此是违法的。自然资源局与城建公司签订的《国有建设用地使用权出让合同》更是违法的，申请人民法院撤销城建公司持有的 70 年国有建设用地使用权证书。自然资源局认为雷某等 286 名村民不是村委会，不能代表 A 村村集体进行诉讼。人民法院审查后，要求雷某等人提交该村年满 18 周岁村民的名单。根据当地派出所出具的证明，A 村年满 18 周岁的村民共有 501 人。人民法院确认雷某等 286 名村民可以以村集体的名义起诉。

笔记区

法律分析

对农村集体土地征收争议中原告主体资格问题，在《中华人民共和国土地管理法》《中华人民共和国土地管理法实施条例》中没有明确的规定。最高人民法院在2011年发布的《关于审理涉及农村集体土地行政案件若干问题的规定》对此进行了明确，该规定第3条第1款规定，村民委员会或者农村集体经济组织对涉及农村集体土地的行政行为不起诉的，过半数的村民可以以集体经济组织名义提起诉讼。该规定既考虑了集体土地所有者的特殊性，也赋予了具有代表性的村民以集体名义提出诉讼的权利。据此，过半数的村民认为政府征地行为违法，侵害了集体享有的土地所有权的，可以通过法定的途径和形式，以农民集体经济组织的名义对外主张权利，提起行政诉讼。由于《中华人民共和国村民委员会组织法》第21条第1款规定"村民会议由本村十八周岁以上村民组成"，第22条规定"召开村民会议，应当有本村十八周岁以上村民的过半数，或者本村三分之二以上的户的代表参加，村民会议所作决定应当经到会人员的过半数通过。法律对召开村民会议及作出决定另有规定的，依照其规定"。在本案中，当地派出所出具的证明显示，A村18周岁以上的村民共有501人，雷某等286名村民超过了全体村民人数的一半，因

笔记区

此可以以A村的名义进行起诉。

需要注意的是,因为本案涉及的土地是A村的未利用地,因此应当以集体的名义进行起诉。如果土地征收涉及村民享有的土地使用权的,土地使用权人是可以以自己的名义直接对征地行为提出诉讼的。对此,最高人民法院《关于审理涉及农村集体土地行政案件若干问题的规定》第4条也作出了明确的规定。

知识链接

最高人民法院《关于审理涉及农村集体土地行政案件若干问题的规定》(法释〔2011〕20号)

第三条 村民委员会或者农村集体经济组织对涉及农村集体土地的行政行为不起诉的,过半数的村民可以以集体经济组织名义提起诉讼。

农村集体经济组织成员全部转为城镇居民后,对涉及农村集体土地的行政行为不服的,过半数的原集体经济组织成员可以提起诉讼。

第四条 土地使用权人或者实际使用人对行政机关作出涉及其使用或实际使用的集体土地的行政行为不服的,可以以自己的名义提起诉讼。

纠纷解决技巧

土地征收补偿纠纷既涉及集体土地所有权,也涉及房

笔记区

屋所有权、宅基地使用权、土地承包经营权、集体经营性建设用地使用权、青苗补偿费、其他地上附着物的补偿和搬迁费、停产停业费等许多类型。因此，究竟谁有资格起诉，又应当以谁的名义起诉，需要针对权利受损情况进行细致甄别。《中华人民共和国行政诉讼法》第 25 条第 1 款规定，"行政行为的相对人以及其他与行政行为有利害关系的公民、法人或者其他组织，有权提起诉讼"。因此，确定某人或某个组织是否有原告资格，首先，是看其是不是行政行为的相对人；其次，如果不是，就看其是不是"与行政行为有利害关系的公民、法人或者其他组织"；最后，所谓"与行政行为有利害关系"是指其合法的财产权益或人身权益受到了直接的损害。

试题

村民委员会或者农村集体经济组织对涉及农村集体土地的行政行为不起诉的，(　　)①可以以集体经济组织名义提起诉讼。

A. 过半数的村民　　B. 过 2/3 的村民

C. 全体村民一致同意　　D. 过 3/4 的村民

① 答案：A。

笔记区

▶ 57. 对土地征收补偿不服,谁负责举证?

案例

汪某长期在外地务工,一日得知老家的3间房子、猪圈、厕所及大树被挖掘机推倒。汪某认为,自己家与县人民政府没有签订任何征迁协议,因此政府对他家的土地和房屋进行征收是违法的,要求县人民政府对土地和房屋补偿50万元,并对其和家人因为违法征收造成的精神损害赔偿10万元。县人民政府认为,其征收行为是合法的,因为已经依法获得了省人民政府的批准,而且已经通知被征收人来领取补偿款,但是汪某一家不愿意签署补偿协议,也未领取政府核定的30万元补偿款。汪某向法院提起诉讼。

法律分析

根据《中华人民共和国行政诉讼法》第34条的规定由于汪某家的土地属于集体所有的土地,因此县人民政府若主张其征收行为是合法的,则应当根据《中华人民共和国土地管理法》及《中华人民共和国土地管理法实施条例》的规定,提供征收土地预公告、安置补偿方案公告、土地现状调查情况表、社会稳定风险评估报告、获得省级人民政府或国务院征地批复的证明、征收土地公告等证据材料。另

笔记区

外，在本案中，由于县人民政府主张汪某一家一直不签订补偿协议，因此在强制拆迁之前，该政府还需要完成以下法律程序才能进行强制拆迁：(1)针对汪某一家作出征地补偿安置决定，并依法进行送达；(2)汪某一家拒不交出土地，同时在法定的期限内，既不申请行政复议或也不进行行政诉讼，那么人民政府可以依法申请人民法院强制执行，或者人民法院裁定准予执行后组织相关职能部门进行强制执行。从这些法律规定来看，县人民政府还需要提交征地补偿安置决定、送达证明、人民法院同意强制执行的法律文书等证明材料，才能证明该强拆行为合法，否则可能被法院确认违法。

就汪某一家房屋和土地的补偿而言，县人民政府应当提交其设定的补偿方案符合法定标准，并且是按照土地现状调查情况表上载明的事实进行补偿的证据。汪某如果认为在上述补偿之外，政府的征收行为还造成了其他的损害，那么由其提供相关证据进行证明。比如，汪某认为因强制征收行为对其和家人造成了精神损害，那么应当提交相关证据来证明存在这种损害以及具体的损害程度。

知识链接

《中华人民共和国行政诉讼法》

第三十四条 被告对作出的行政行为负有举证责任，

笔记区

应当提供作出该行政行为的证据和所依据的规范性文件。

被告不提供或者无正当理由逾期提供证据，视为没有相应证据。但是，被诉行政行为涉及第三人合法权益，第三人提供证据的除外。

第三十七条 原告可以提供证明行政行为违法的证据。原告提供的证据不成立的，不免除被告的举证责任。

第三十八条 在起诉被告不履行法定职责的案件中，原告应当提供其向被告提出申请的证据。但有下列情形之一的除外：(一)被告应当依职权主动履行法定职责的；(二)原告因正当理由不能提供证据的。

在行政赔偿、补偿的案件中，原告应当对行政行为造成的损害提供证据。因被告的原因导致原告无法举证的，由被告承担举证责任。

第四十一条 与本案有关的下列证据，原告或者第三人不能自行收集的，可以申请人民法院调取：(一)由国家机关保存而须由人民法院调取的证据；(二)涉及国家秘密、商业秘密和个人隐私的证据；(三)确因客观原因不能自行收集的其他证据。

第四十二条 在证据可能灭失或者以后难以取得的情况下，诉讼参加人可以向人民法院申请保全证据，人民法院也可以主动采取保全措施。

笔记区

纠纷解决技巧

行政诉讼证据规则的原则是“举证责任倒置”，即被诉行政机关负责就其行政行为的合法性进行举证，被告不提供或者无正当理由逾期提供证据，视为没有相应证据。此外，被告应当在作出行政行为之前就保存和固定相关证据，而不能在诉讼过程中再向原告、第三人和证人收集证据。不过“举证责任倒置”只适用于证明行政行为的合法性，而不适用于被征收人受到的损害。因为被征收人具体遭受的损害其自己最适合进行举证。在具体的实践中，被征收人应当通过保存原件、拍照或录制视频等方式保存和固定自身的财产情况。如果准备提起行政诉讼，那么在证据可能灭失或者以后难以取得的情况下，其也可以向人民法院申请证据保全。

试题

土地征收补偿案件中，(　　)[1]对作出的征收行为负有举证责任，应当提供作出该行政行为的证据和所依据的规范性文件。

A. 征收机关　　B. 被征收人

C. 村民委员会　　D. 以上都不是

---

① 答案：A。

笔记区

▶ 58. 对土地征收补偿不服,起诉期限是多长?

案例

林某家宅基地上的房屋2018年8月13日被县人民政府拆除,林某2019年8月1日到当地中级人民法院起诉,要求确认政府征收行为违法。县人民政府认为已经超过法律规定的起诉期限,因此人民法院应当裁定驳回林某的诉请。林某认为,自己一直在外地务工,没有看到过县人民政府的征收公告,其是2019年6月回老家的时候才知道自家的房屋被征收,此时没有超过法律规定的起诉期限。县人民政府提供了2018年5月发布的征收公告以及林某所在村村委会微信群2018年5月25日发布的征收公告等证据,认为这些证据可以证明林某虽然常年在外务工,但是由于其在村委会所建立的微信群中,应当推定林某在2018年5月25日就已经知晓了该征收公告,而非2019年6月。人民法院对相关证据进行审查后,最终驳回了林某的起诉。

法律分析

2017年修正的《中华人民共和国行政诉讼法》第46条规定,除法律另有规定外,公民、法人或者其他组织直接向

笔记区

人民法院提起诉讼的,应当自知道或者应当知道作出行政行为之日起6个月内提出。在法律上,“知道”通常比较容易界定,如果某人在当地生活一般应当推定为自该征收行为发布之后就是知道的。如果被征收人主张自己的经常居住地不在本地,那么可以通过证据证明自己客观上确实无法知晓有关征收行为。此时,法院可以适用“应当知道”这个标准来界定6个月的起始时间。当然,被诉政府也可以提供证据证明原告是何时知道或应该知道相关征收行为存在的。在本案中,县人民政府就是通过微信聊天记录来证明林某应当自2018年5月25日就已经知晓了征收公告,最终被法院采信。据此,林某的最晚起诉时间应当是2018年11月25日。

根据现行法的规定,我们可以将土地征收补偿领域的诉讼期限总结为以下三种类型:(1)6个月。这种类型适用于行政机关既告知了被征收人征收决定的内容,也告知了起诉期限的情形,当事人应自知道或应当知道相关行政行为之日起6个月内起诉。(2)1年。这种类型适用于行政机关告知了被征收人征收决定的内容,但没有告知其起诉期限的情形,当事人应自知道或应当知道相关行政行为之日起1年内起诉。(3)20年。这种类型适用于征收机关既没有告知被征收人征收决定的内容,也没有告知其起诉期限的情形,当事人应自知道或应当知道相关行政行为之

笔记区

日起20年内起诉。至于何时“知道或应当知道”，主要由双方提供的证据来进行证明。

知识链接

《中华人民共和国行政诉讼法》第四十六条 公民、法人或者其他组织直接向人民法院提起诉讼的，应当自知道或者应当知道作出行政行为之日起六个月内提出。法律另有规定的除外。

因不动产提起诉讼的案件自行政行为作出之日起超过二十年，其他案件自行政行为作出之日起超过五年提起诉讼的，人民法院不予受理。

最高人民法院《关于适用〈中华人民共和国行政诉讼法〉的解释》（法释〔2018〕1号）第六十四条第一款 行政机关作出行政行为时，未告知公民、法人或者其他组织起诉期限的，起诉期限从公民、法人或者其他组织知道或者应当知道起诉期限之日起计算，但从知道或者应当知道行政行为内容之日起最长不得超过一年。

纠纷解决技巧

法律之所以设定“起诉期限”，一方面，是利于及时将相关事实问题调查清楚；另一方面，是因为法律不保护权利上的“沉睡者”，因而通过该项制度督促权利人及时行使诉讼权利。在具体的工作中，“法律明白人”应当引导广大

笔记区

村民及时关注政府的相关通知，避免因为各种主观或客观原因导致其自身的权利受损却无法得到法律的保护。

试题

农村土地征收，行政机关既告知了被征收人征收决定的内容，也告知了起诉期限的情形，当事人应自知道或应当知道相关行政行为之日起（　　）①内起诉。

A. 3个月　　B. 6个月

C. 2年　　D. 5年

---

① 答案：B。

笔记区

▶ 59. 临时占用集体土地，如何补偿？

案例

A 制药厂与李某签订了临时使用土地合同，双方一致同意 A 制药厂在基建期间使用李某的 6.036 亩承包地，时间预计为两年。在使用期满后，制药厂负责将土地恢复原状，交还李某使用。A 制药厂一次性给付李某土地使用补偿款 10 万元，并答应安排李某家中一名符合条件的劳动者入厂就业。协议签订当日，制药厂开始使用李某的承包地建设施工人员的临时生活用房。在建设过程中，县自然资源局在例行巡查中发现，A 制药厂对李某6.036亩承包地的临时使用没有经过自然资源主管部门批准，因此要求 A 制药厂停工，依法获得审批后再进行建设。

法律分析

临时用地，是指建设项目施工、地质勘查等临时使用的，不修建永久性建(构)筑物且使用后可恢复的土地。根据《中华人民共和国土地管理法》《中华人民共和国土地管理法实施条例》的规定，临时使用土地的，需要满足以下条件：一是需经依法批准。临时使用土地需要由县级以上人民政府自然资源主管部门批准，经依法批准后方可使用。

二是应当签订临时用地合同,明确临时用地的地点、四至范围、面积和现状地类,以及临时使用土地的用途、使用期限、土地复垦标准、补偿费用和支付方式、违约责任等。三是临时使用土地期限一般不超过二年。临时用地不超过二年的,使用的具体期限可以在临时使用土地合同中由双方约定;临时用地确需超过二年的,需重新办理临时用地手续。四是临时使用土地者应当按照合同约定的用途使用土地,不得修建永久性的建筑物及其他设施。使用结束后,应当将临时建设的设施全部拆除,恢复土地原貌,并交还给原土地所有权人或使用权人。本案中,A 制药厂与村民李某所签订的临时用地合同未经县级以上自然资源主管部门批准,违反了法律的强制性规定,属于无效合同,不受法律的保护。A 制药厂只有在依法办理了临时用地批准手续后才能合法使用李某的土地。

知识链接

《中华人民共和国土地管理法》第五十七条　建设项目施工和地质勘查需要临时使用国有土地或者农民集体所有的土地的,由县级以上人民政府自然资源主管部门批准。其中,在城市规划区内的临时用地,在报批前,应当先经有关城市规划行政主管部门同意。土地使用者应当根据土地权属,与有关自然资源主管部门或者农村集体经济

笔记区

组织、村民委员会签订临时使用土地合同，并按照合同的约定支付临时使用土地补偿费。

临时使用土地的使用者应当按照临时使用土地合同约定的用途使用土地，并不得修建永久性建筑物。

临时使用土地期限一般不超过二年。

《中华人民共和国土地管理法实施条例》第二十条 建设项目施工、地质勘查需要临时使用土地的，应当尽量不占或者少占耕地。

临时用地由县级以上人民政府自然资源主管部门批准，期限一般不超过二年；建设周期较长的能源、交通、水利等基础设施建设使用的临时用地，期限不超过四年；法律、行政法规另有规定的除外。

土地使用者应当自临时用地期满之日起一年内完成土地复垦，使其达到可供利用状态，其中占用耕地的应当恢复种植条件。

自然资源部《关于规范临时用地管理的通知》(自然资规〔2021〕2 号) 三、规范临时用地审批

县(市)自然资源主管部门负责临时用地审批，其中涉及占用耕地和永久基本农田的，由市级或者市级以上自然资源主管部门负责审批。不得下放临时用地审批权或者委托相关部门行使审批权。城镇开发边界内使用临时用地的，可以一并申请临时建设用地规划许可和临时用地审

笔记区

批，具备条件的还可以同时申请临时建设工程规划许可，一并出具相关批准文件。油气资源探采合一开发涉及的钻井及配套设施建设用地，可先以临时用地方式批准使用，勘探结束转入生产使用的，办理建设用地审批手续；不转入生产的，油气企业应当完成土地复垦，按期归还。

纠纷解决技巧

临时用地无须改变土地的权属，即原土地的所有权和使用权都无须改变，使用农民集体土地不需要办理征收手续，使用国有土地也不必办理划拨或有偿使用手续，只需签订临时使用土地合同，并按照合同约定向土地所有权人和原土地使用权人支付使用费。但是，临时用地也需要进行审批，并不是签订了补偿协议就可以直接用地。“法律明白人”在具体的工作中，应当提醒临时用地人和被用地人严格按照法定程序履行相应的报批手续。

试题

下列哪些主体可以签订临时使用土地合同？（　　）①

A. 自然资源主管部门　　B. 农村村民

C. 农村集体经济组织　　D. 村民委员会

① 答案：ACD。

笔记区

60. 占用临时用地修建永久性建筑物的法律责任是什么?

案例

因建设某高速公路工程需要,甲公司高速公路路面项目经理部与A村委会签订了《临时用地协议书》,协议约定:项目经理部临时占用A村耕地141.2亩,用于搭建施工工人的临时工棚,使用期限为1年,每亩每年补偿费为1426元(春秋两季),如果只占用一季,每季500元,不足一季按一季算,超过一季不足两季的按两季算。考虑临时使用土地将对其造成严重破坏,恢复周期长,多支付一年的补偿费,作为耕地复垦费。《临时用地协议书》签订并报市自然资源局批准后,甲公司开始在临时用地上刨槽,用石灰、水泥垒了地基,建起了钢筋混凝土结构的工人宿舍,致使土壤质量遭到严重破坏,无法恢复耕种。A村村委会要求甲公司拆除永久性建筑物无果,遂将此情况反映到县自然资源局。县自然资源局强制拆除了甲公司在临时用地上修建的施工工人宿舍。甲公司却认为其已经缴纳了耕地复垦费,而且合同中也没有要求将土地恢复原状,县自然资源局无权强制拆除工人宿舍,由此产生争议。

60. 占用临时用地修建永久性建筑物的法律责任是什么?

法律分析

笔记区

土地复垦是临时用地审批管理的重中之重,特别是临时用地占用耕地的,使用期到期后及时恢复土地种植条件是落实土地复垦的重要举措。临时用地的土地复垦义务是法定义务,无论合同中是否进行约定,均要履行。根据《中华人民共和国土地管理法》《土地复垦条例》的规定,土地复垦义务人履行土地复垦义务的方式主要有两种:一是有条件复垦的,由用地单位或者个人自行复垦,或者将复垦工作交由他人完成;二是没有条件复垦或者复垦不符合要求的,用地单位或者个人应当缴纳土地复垦费,由政府有关部门代为组织复垦。需要强调的是,只有在没有条件复垦或者复垦不符合要求的情况下才能缴纳复垦费,由政府有关部门代为组织复垦。如果有条件复垦而拒绝复垦的,则属于违法行为。如果在临时用地上修建永久性建筑物,需要承担的法律责任包括:第一,由县级以上人民政府自然资源主管部门责令限期拆除,逾期不拆除的,由作出行政决定的机关依法申请人民法院强制执行。第二,处以罚款。罚款分为两种类型:(1)修建永久性建筑物的,可以在作出责令限期拆除的同时,按照土地复垦费的标准,处土地复垦费5倍以上10倍以下的罚款;(2)拒不履行土地复垦义务的,首先,责令缴纳复垦费;其次,可以并处土地复垦费2倍以上5倍以下的罚款。

笔记区

知识链接

《中华人民共和国土地管理法》

第四十三条 因挖损、塌陷、压占等造成土地破坏，用地单位和个人应当按照国家有关规定负责复垦；没有条件复垦或者复垦不符合要求的，应当缴纳土地复垦费，专项用于土地复垦。复垦的土地应当优先用于农业。

第七十六条 违反本法规定，拒不履行土地复垦义务的，由县级以上人民政府自然资源主管部门责令限期改正；逾期不改正的，责令缴纳复垦费，专项用于土地复垦，可以处以罚款。

《中华人民共和国土地管理法实施条例》

第五十二条 违反《土地管理法》第五十七条的规定，在临时使用的土地上修建永久性建筑物的，由县级以上人民政府自然资源主管部门责令限期拆除，按占用面积处土地复垦费5倍以上10倍以下的罚款；逾期不拆除的，由作出行政决定的机关依法申请人民法院强制执行。

第五十六条 依照《土地管理法》第七十六条的规定处以罚款的，罚款额为土地复垦费的2倍以上5倍以下。

违反本条例规定，临时用地期满之日起一年内未完成复垦或者未恢复种植条件的，由县级以上人民政府自然资源主管部门责令限期改正，依照《土地管理法》第七十六条的规定处罚，并由县级以上人民政府自然资源主管部门会同农业农村主管部门代为完成复垦或者恢复种植条件。

笔记区

纠纷解决技巧

对临时用地的监管措施，既包括用地前的审批，也包括批后的监督和监管。批后监管既包括防止临时用地单位在临时用地上建设永久性建筑，也包括监督临时用地单位及时履行复垦义务。在具体的工作中，如果涉及临时占用耕地，"法律明白人"应当引导广大村民监督临时用地单位的用地行为，而不仅是收取补偿金。具体来说：(1)应当监督用地单位及时对拟损毁的农用地(特别是耕地)进行表土剥离并予以保存，从而用于后期的土地复垦；(2)对临时用地单位进行的建设行为进行监督，防止其建设对土地造成永久性破坏的建筑物；(3)对临时用地单位的违法用地行为，应当及时向自然资源管理部门报告，依靠政府部门的力量保护耕地不遭到永久性破坏。

试题

在临时使用的土地上修建永久性建筑物的，按占用面积处土地复垦费(　　)①的罚款。

A. 5 倍以上 10 倍以下　　　B. 10 倍以下

C. 3 倍以上 10 倍以下　　　D. 5 倍以下

---

① 答案：A。

笔记区

测 试 题

1. 征收下列土地的，不需要由国务院批准的是（　　）。

A. 永久基本农田

B. 永久基本农田以外的耕地超过 35 公顷的

C. 宅基地

D. 未利用地超过 70 公顷的

2. 擅自在耕地上建房、挖砂、采石、采矿、取土等，破坏种植条件的，相关政府部门可以采取的措施不包括（　　）。

A. 罚款　　B. 责令限期改正

C. 责令限期治理　　D. 没收土地

3. 下列关于永久性基本农田，说法正确的是（　　）。

A. 可以发展林果业　　B. 可以种植玉米

C. 可以挖塘养鱼　　D. 可以建设养猪场

4. 违反土地管理法规，非法占用耕地、林地等农用地，改变被占用土地用途，数量较大，造成耕地、林地等农用地

笔记区

大量毁坏的,可以采取的措施不包括(　　)。

A. 判处无期徒刑　　B. 判处有期徒刑

C. 判处拘役　　D. 处以罚金

5. 土地经营权流转应当遵循(　　)的原则。

A. 必须无偿流转

B. 受让方可以是任何人

C. 可以改变土地所有权的性质和土地的农业用途

D. 流转期限不得超过承包期的剩余期限

6. 下列哪个选项可以不写入土地经营权流转合同?(　　)

A. 流转人的性别

B. 流转价款及支付方式

C. 流转期限和起止日期

D. 流转土地的名称、坐落、面积、等级

7. 下列关于承包地的说法不正确的是(　　)。

A. 因结婚男方到女方住所落户的,男方和子女享有与所在地农村集体经济组织成员平等的权益

B. 妇女因为结婚而外嫁之后,发包方可立刻收回其原承包地

C. 农村土地承包,妇女与男子享有平等的权利

D. 妇女离婚或者丧偶,仍在原居住地生活或者不在原居住地生活但在新居住地未取得承包地的,发包方不得收

笔记区

回其原承包地

8. 下列关于进城农户土地承包经营权的说法，正确的是(　　)。

A. 承包方全家迁入县城的，应当将承包的耕地和草地交回发包方

B. 承包方全家迁入小城镇落户的，应当将承包的耕地和草地交回发包方

C. 承包方全家迁入大城市落户的，应当将承包的耕地和草地交回发包方

D. 以上说法都不对

9. 下列关于土地承包经营权期限的说法，不正确的是(　　)。

A. 耕地的承包期为 30 年

B. 草地的承包期为 30 年至 50 年

C. 林地的承包期为 30 年至 70 年

D. 第二轮承包期到期之后，打乱重分

10. 下列关于土地承包经营权人流转土地经营权的说法，正确的是(　　)。

A. 需获得乡人民政府批准

B. 经村集体书面同意

C. 只能流转给本集体成员

D. 只能在土地承包经营权的合法期限内流转

笔记区

11. 下列关于土地经营权人再次流转经营权的说法，不正确的是(　　)。

A. 需获得乡政府批准

B. 经承包方书面同意

C. 需向本集体经济组织备案

D. 流转期限不得超过承包期的剩余期限

12. 下列关于土地经营权流转费用的说法，不正确的是(　　)。

A. 土地经营权流转的价款，应当由当事人双方协商确定

B. 土地经营权流转的收益归村集体所有

C. 土地经营权流转的收益归承包方所有

D. 工商企业等社会资本通过流转取得土地经营权的，本集体经济组织可以收取适量管理费用

13. 下列哪种情况下，承包方不得单方解除土地经营权流转合同(　　)。

A. 土地经营权人擅自改变土地的农业用途

B. 土地经营权人弃耕抛荒连续两年以上

C. 土地经营权人弃耕抛荒连续一年

D. 土地经营权人给土地造成严重损害或者严重破坏土地生态环境

14. 因土地承包经营发生纠纷的，关于纠纷解决方式，

笔记区

说法不正确的是(　　)。

A. 协商解决或和解

B. 可以请求村民委员会、乡(镇)人民政府调解解决

C. 可以直接向人民法院起诉

D. 不可直接向人民法院起诉

15. 下列关于宅基地,说法不正确的是(　　)。

A. 农村村民一户只能拥有一处宅基地

B. 农村村民建住宅,无须符合乡(镇)土地利用总体规划、村庄规划

C. 农村村民住宅用地,由乡(镇)人民政府审核批准

D. 涉及占用农用地的,应依法办理审批手续

16. 对于在土地利用总体规划制定前已建的不符合土地利用总体规划确定的用途的建筑物,说法不正确的是(　　)。

A. 不得重建　　B. 不得翻建

C. 必须拆除　　D. 可以拆除

17. 对于占用宅基地建房,说法不正确的是(　　)。

A. 可以占用永久基本农田

B. 不得占用永久基本农田

C. 尽量使用原有的宅基地

D. 可尽量使用村内空闲地

18. 申请新的宅基地,可予以批准的情况是(　　)。

笔记区

A. 农村村民出卖住宅的

B. 农村村民出卖住宅的

C. 农村村民赠与住宅的

D. 农村村民现有的宅基地没有达到省级标准的

19. 应予以登记的不动产情况包括(　　)。

A. 违反法律、行政法规规定的不动产登记申请

B. 存在尚未解决的权属争议的不动产登记申请

C. 依法在宅基地上建造的房屋

D. 申请登记的不动产权利超过规定期限的

20. 下列关于宅基地使用权的继承,说法正确的是(　　)。

A. 宅基地上有房屋的,可以依法由城镇户籍的子女继承

B. 城镇户籍的子女不得继承

C. 只能由儿子继承

D. 谁都不能继承

21. 农民进城落户,关于宅基地说法正确的是(　　)。

A. 农民进城落户必须退出宅基地

B. 禁止以退出宅基地作为农村村民进城落户的条件

C. 农民进城落户后必须将宅基地卖给村集体

D. 农民进城落户后必须将宅基地卖给政府

22. 关于宅基地有偿退出后的用途,说法不正确的是(　　)。

笔记区

A. 可以发展休闲农业　B. 可以发展餐饮民宿

C. 可以发展快递物流　D. 必须复垦为农田

23. 关于集体经营性建设用地入市的条件，说法不正确的是(　　)。

A. 需要符合规划条件和生态环境保护要求

B. 可以用于商品房建设

C. 需要报市、县人民政府审核

D. 需要符合政府设定的产业准入要求

24. 关于集体经营性建设用地入市的方式，说法不正确的是(　　)。

A. 可以通过出让一定期限土地使用权的方式入市

B. 可以通过将一定期限土地使用权作为出资入股到企业入市

C. 可以通过出租一定期限土地使用权的方式入市

D. 可以通过出让所有权的方式入市

25. 关于集体经营性建设用地入市的最长期限，说法不正确的是(　　)。

A. 居住用地最长 70 年

B. 商业、旅游、娱乐用地最长 40 年

C. 教育、科技、文化、卫生、体育用地最长 70 年

D. 工业用地最长 50 年

26. 集体经营性建设用地入市合同，可以不写的内容

笔记区

是(　　)。

A. 土地使用期限　　B. 土地期限届满续期方式

C. 土地交易方式　　D. 土地入市价格

27. 集体土地征收过程中，下列不属于公共利益的选项是(　　)。

A. 军事和外交需要

B. 由政府组织实施的交通设施建设需要

C. 建设商品房

D. 建设保障性住房

28. 下列关于土地成片开发征收的程序或权限，不正确的选项是(　　)。

A. 应经过村民会议 2/3 以上成员或者 2/3 以上村民代表同意

B. 应经省级以上人民政府批准

C. 可以由乡人民政府批准

D. 应由县人民政府实施

29. 下列不属于合法土地征收补偿类型的选项是(　　)。

A. 违法建筑补偿费　　B. 土地补偿费

C. 安置补助费　　D. 社会保障费

30. 下列关于土地征收补偿不正确的选项是(　　)。

A. 公平、合理补偿

B. 先搬迁后补偿

C. 先补偿后搬迁

D. 保障被征地农民原有生活水平不降低、长远生计有保障

31. 对安置补偿方案不服，申请听证的期限是（　　）个工作日，逾期未提出的，视为放弃听证。

A. 3　　B. 5　　C. 7　　D. 10

32. 下列关于区片综合地价，正确的选项是（　　）。

A. 中央人民政府统一确定标准

B. 省级人民政府统一确定标准

C. 市级人民政府统一确定标准

D. 县级人民政府统一确定标准

33. 下列关于征地补偿安置方案公告，不正确的选项是（　　）。

A. 该公告应当在村、村民小组范围内公告

B. 公告时间不少于 30 日

C. 该公告应当载明办理补偿登记的方式和期限

D. 该公告不需要载明异议反馈渠道

34. 土地征收过程中，征地补偿款何时支付？（　　）

A. 征收申请上报省级人民政府之前

B. 发布征收预公告时

C. 正式的征收公告发布时

D. 签订安置补偿合同时

35. 对土地征收不服的，可以采取的方式是(多选)(　　)。

A. 进行民事诉讼　　B. 提出行政复议

C. 进行行政诉讼　　D. 要求政府信息公开

36. 对土地征收不服的，提起行政诉讼时，哪个选项不符合要求?(　　)

A. 要有明确的被告

B. 要有具体的诉讼请求

C. 要属于人民法院受案范围

D. 可以随时提起诉讼

37. 对土地征收不服的，提起行政诉讼时，下列哪一主体无权起诉?(　　)

A. 村民委员会　　B. 1/3 的村民

C. 过半数的村民　　D. 农村集体经济组织

38. 下列关于土地征收行政诉讼中举证责任分配，不正确的选项是(　　)。

A. 征收机关应当提供作出该行政行为的证据

B. 被征收人应当提供作出该行政行为的证据

C. 被征收人应当提供自身的财产损失情况

D. 征收机关应当提供作出该行政行为所依据的规范性文件

笔记区

39. 公民、法人或者其他组织直接向人民法院提起诉讼的，应当自知道或者应当知道作出(　　)提出。

A. 征收行为之日起6个月内

B. 征收行为之日起5个月内

C. 征收行为之日起3个月内

D. 征收行为之日起1个月内

40. 临时使用土地进行建设，期限一般不超过(　　)年。

A. 1　　B. 2　　C. 3　　D. 5

参考答案

1. C	2. D	3. B	4. A	5. D
6. A	7. B	8. D	9. D	10. A
11. A	12. B	13. C	14. D	15. B
16. C	17. A	18. D	19. C	20. A
21. B	22. D	23. B	24. D	25. C
26. B	27. C	28. C	29. A	30. B
31. B	32. B	33. D	34. C	35. BCD
36. D	37. B	38. B	39. A	40. B